手ぬぐいを
知る、作る、使う

手ぬぐい クリエイター

はじめに

手ぬぐいクリエイターとは

近年、再び手ぬぐいが注目を集めています。

和のイメージのものだけでなく現代的な柄のものも数多く売られ、手ぬぐいを買い集めてさまざまな使い方をして楽しむ「手ぬぐいクラスタ」と呼ばれる人たちが急増しています。そして、自らオリジナル柄をデザインし、インターネットやイベント等で販売する人も増えてきました。わたしたちは、そうした自他ともに認めるクリエイターだけでなく、〝手ぬぐいを作りたい〟と考えている人すべてを「手ぬぐいクリエイター」だと考えています。

絵を描いたり、デザインソフトを使ったりできなくても、オリジナルの手ぬぐいは作れます。この本では、その方法を紹介していきます。手ぬぐいが好きなあなた、ぜひ一歩踏み出して自分だけの手ぬぐいを作ってみませんか？

手ぬぐい作りは、趣味と実益を兼ねられる活動です。注染手ぬぐいは、1回製作発注すると100枚位の手ぬぐいが完成しますので、自分で楽しむ分以外を販売すれば、手ぬぐい作りにかかった費用を回収できるのです。もちろん、販売はせずに友人知人にプレゼントするなどしても構いません。手ぬぐいの使い方に決まりがないように、手ぬぐいクリエイターとしての活動も人それぞれ。「趣味」に比重を傾けるか、「実益」に比重を傾けるかは自由です。

わたしたちは、手ぬぐい作りの楽しみをより多くの人に知ってほしいと思い、この本を作りました。さらに深く手ぬぐいを理解していただくために、手ぬぐいの歴史や製造工程、手ぬぐいの使い方なども紹介しています。

この本を読んで、〃既製品ではなく、自分のオリジナルデザインで手ぬぐいを作りたい〃という気持ちになっていただければ幸いです。作りたい、と思った時点で、あなたも「手ぬぐいクリエイター」の仲間入りです。

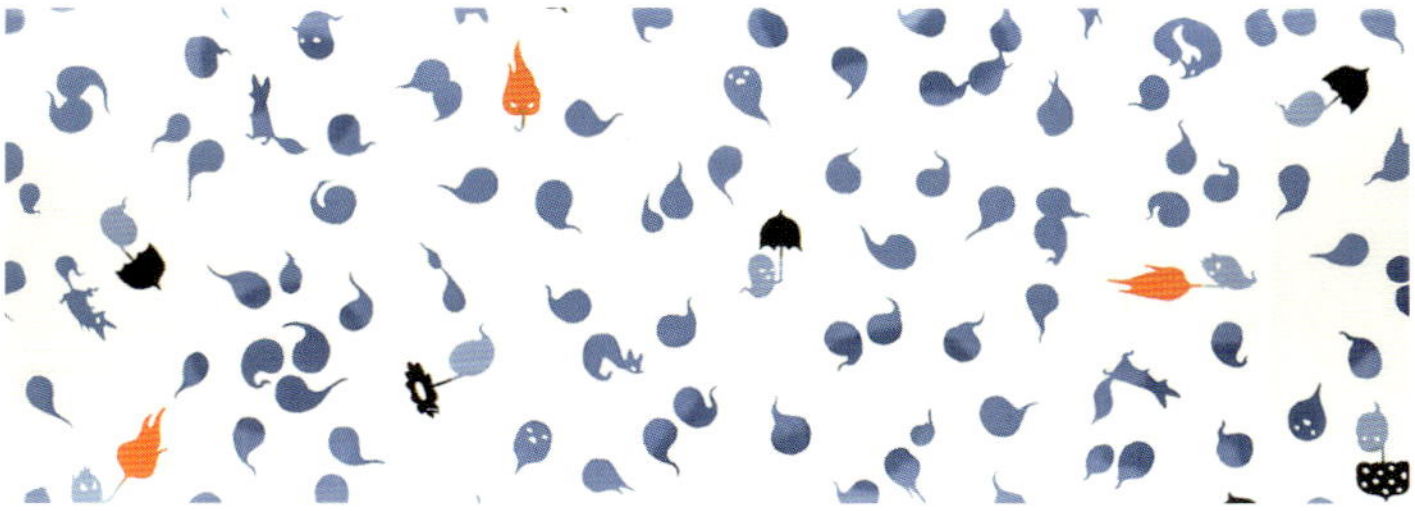
とことわ「狐火」

みはに工房「虫とはっぱ」

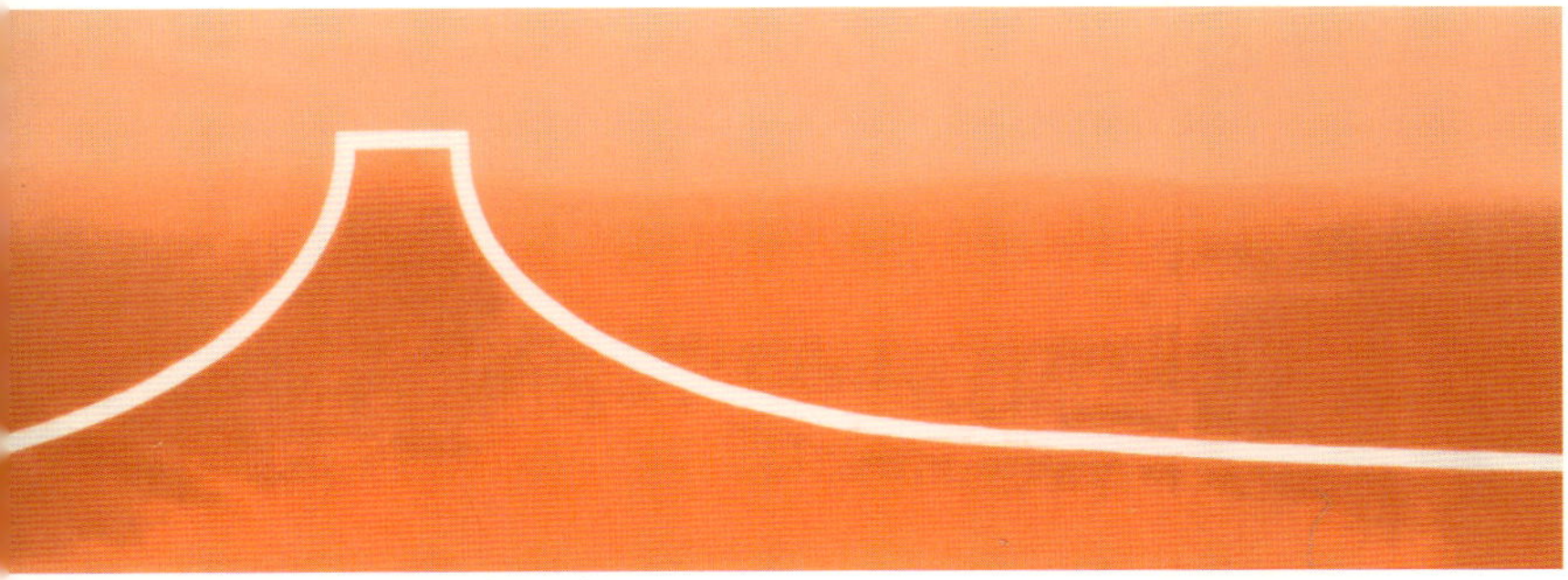
手ぬぐい・りんりん「富士ぼかし」

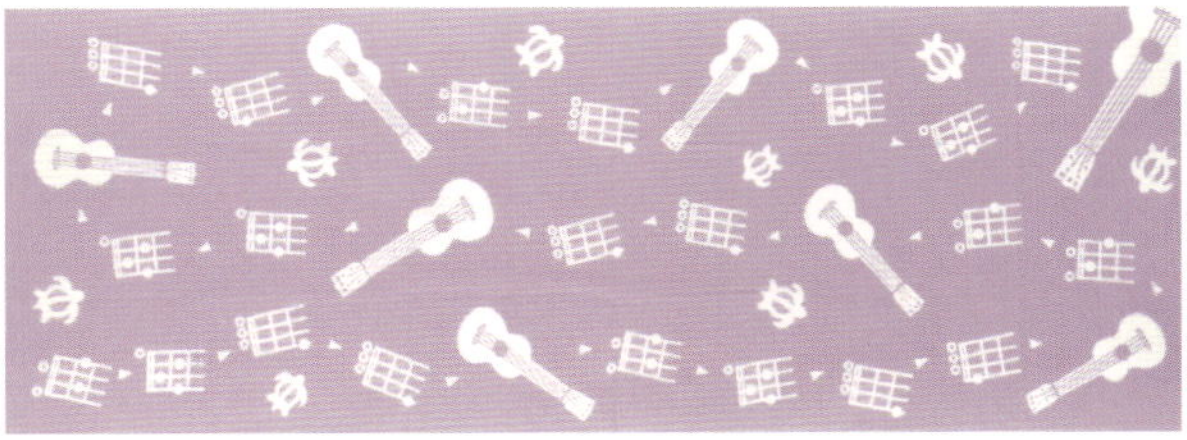
むうや「ララ・ウクレレ」

手ぬぐいを知る、作る、使う

手ぬぐいクリエイター

CONTENTS

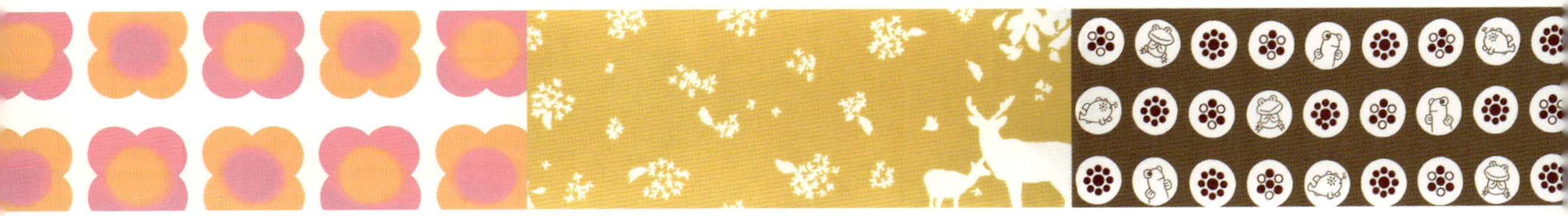

Column

巻末

◉tenu

住 麻紀さん

ブログ「手ぬぐいのススメ」や、ZINE『tenu』での情報発信、オリジナル手ぬぐいの販売、手ぬぐいイベントやワークショップの企画など、多方面でご活躍の住さん。

この日は、三嶋大社の目の前にある商業施設「大社の杜」で行われた、手ぬぐいでバッグを作るワークショップにお邪魔し、話を聞いた。

住さんがブログを始めたのは2005年。手ぬぐいを好きになったきっかけや出会いはいつ頃だったのだろうか。

「初めて手ぬぐいを買ったのは大学1年生くらいの頃だったと思います。その時は手ぬぐいだとは意識していなくて、ただカワイイ布があるなぁと思ったんですね。元々、ポストカードとか包装紙とか、カワイイものを集めるのが好きなんです。手ぬぐいを意識的に集め始めたのが2005年頃で、注染のことなども知るようになりました。

ブログを始めた当初は手ぬぐいを紹介しようと思っていたわけではなくて、普通に日記とかを書いていたんです。でも、すぐに続かなくなって(笑)。何かテーマを決めようと思ったときに、その頃、手ぬぐいが10枚くらい集まっていたので、これを1枚ずつ紹介しようと」

現在は、手ぬぐいZINE『tenu』の発行も行っている。取材・執筆からデザインまで、住さんが全て一人で手がける自費出版誌だ。

『tenu』の第1号を発行したのは2013年4月です。準備は1月頃から始めたでしょうか。2月に出産を控えていて、その後しばらく家にいることになるのがわかっていたので、何か家で出来る事をやろうと思ったんですね。

数年前から、注染の職人さんなど色々取材をしていたんです。それをどういう形で発表しようかずっと考えていたんですが、インターネットでは届かない人たちにも届く形にしようと思って、自費出版で『tenu』を作ることにしました。

今、5号まで発行しています。最初は100部でしたが、5号では300部印刷しています」

現在、5号まで発行されているZINE『tenu』。手ぬぐい情報がぎっしり詰まっている

tenuのコラボ作品手ぬぐい。残念ながら完売しているものが多い

非売品の結婚記念手ぬぐい

由比の風景を切り取った〝さくらえび〟手ぬぐい

住さんはブログとは別にネットショップも立ち上げ、オリジナル手ぬぐいを販売している。自身デザインのものだけでなく、他のデザイナーとのコラボ作品もあるのが住さんの特徴だ。

「最初に作ったのは、〝きんもくせい〟ですね。三嶋大社の境内には樹齢1200年を超えると言われる天然記念物の金木犀の老木があります。この金木犀と重要文化財に指定されている大社の本殿の屋根の稜線、飼育されている鹿をデザインしました。次に作ったのが、静岡県由比の風景をデザインした〝さくらえび〟です。この2枚は自分で型紙も彫りました。

この後、結婚・出産の際にそれぞれオリジナル手ぬぐいを作りましたが、この時は時間がなかったので、型彫りから職人さんにお願いしました。この2枚は販売はしていません。

コラボ作品は、元々ずっと、自分の好きなデザイナーさんの手ぬぐいがあればいいのになぁと思っていたんですね。そこへ『tenu』を始めて、オンラインショップを立ち上げたので、これはいい機会だと(笑)。一緒に作れば、費用的な面でも助け合えますし」

これから手ぬぐいクリエイターを目指す人にとって気になる売り上げはどうなのだろうか？

「"きんもくせい"は最初100枚作って、ほぼネットショップだけで1年くらいで売り切りました。

"きんもくせい"と"さくらえび"は、当初は売り切ったら終わり、というつもりでいたんです。でも、『tenu』を始めてから、この柄が欲しいとおっしゃってくださる方がいたり、今日のワークショップを企画してくださった「シカ小杜」さんなど地元のお店とご縁ができて店頭で私の手ぬぐいを販売してくださったりということがあって、在庫がなくなったら発注するようにして定番商品にしています。

今は、例えば100枚だったら、ネット販売とイベント1～2回で全て売れてしまう、という感じでしょうか。ツイッターで、手ぬぐいクラスタの方々が宣伝してくださる効果もとても大きいです。

ただ私は、手ぬぐいで儲けようとはあまり思っていなくて、大好きな手ぬぐいがこの世にたくさんあって、色々なデザインを買えて、という風になればいいなぁと思っているんですね。だから、私にとって手ぬぐいはライフワークというか趣味というか……」

住さんは、東京和晒が開催している手拭実染塾、型紙教室、自習コースの一通りを体験して、本格的な手ぬぐい染めを学んだ。

住さんが手に持っている手ぬぐいが、オリジナル第１作の"きんもくせい"

小学生のお子さん連れで参加された方もいた。子どもにも簡単に作れる

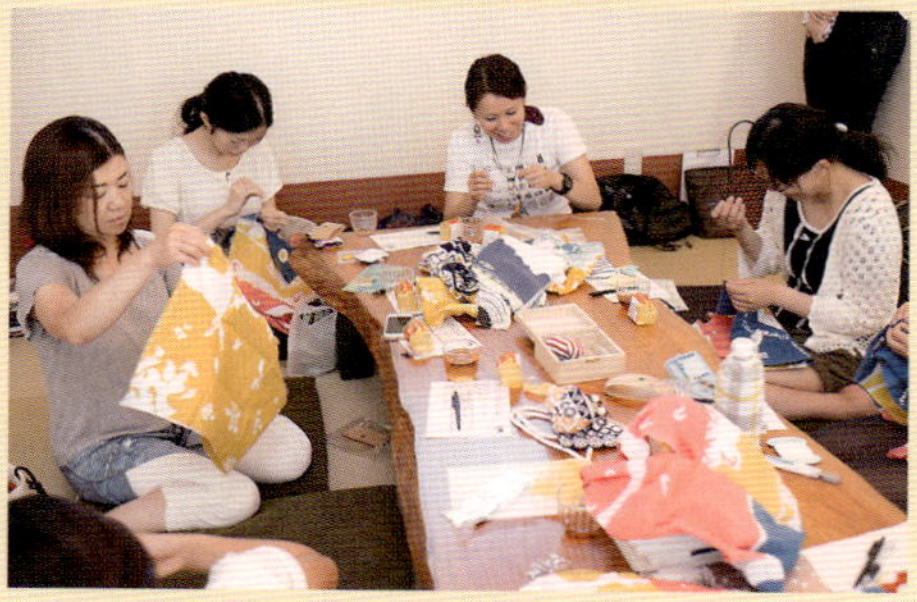

バッグ作りのワークショップは女性の参加者ばかりでワイワイにぎやかだった

「実染塾の今の形はとてもいいと思います。気軽に体験できるショートコースから本格的に学びたい人のためのコースまであって。

間口が広い方がいいと思うんですよね。今は、インターネットだけでオリジナル手ぬぐいを発注して作ることもできますが、手ぬぐいはやっぱり人が手で作っているものなので、すでに実際に作っている人と話したりする機会も大切だと思います。私は、作っている人と話したことで、作りたいな、という気持ちになりました。

自分が大好きな手ぬぐいを作ってくださる職人さんへの尊敬も忘れないようにしたいですね。気難しいと思われがちな職人さんも、「ここ染めるの難しいんじゃないですか？」とか話しかけると、「そうなんだよ！」と喜んで教えてくれたりします（笑）。職人さんに対しては、できるだけ長く続けてください、そのために私ができることは何でもします、という気持ちでいます」

手ぬぐいを作る人を増やすためには、業界の側も変わらなければならない面があるだろう。

「注染は、出したデザインがそのまま使えないことが多いんですよね。私も1回では通らないことが多いんですが、その理由がよくわからない。だから、ここはダメというだけでなく、もっとこうしたらどうでしょうという提案をしてくれるといいな、と思います。色も、例えば単色で発注した時に、ぼかしにしてもそんなに値段は変わりませんよ、と教えてくれるとか（笑）。

そのあたりは、インターネット上で気軽にできるようにするのもいいですね。自分のデザインをアップして、問題がないかチェックしたり、色をいろいろ試してみたり。値段も、ぼかしは＋〇円、色が増えたら＋〇円とか、マニュアル化してあった方がいい。

発注が済んだ後も、染める日時を教えてくれて、希望すれば見学可能になるとか、できあがるまでの工程をもっと見せてくれるといいな」

最後に、手ぬぐいクリエイターになって嬉しかったことを聞いた。

「私のブログをきっかけに手ぬぐいを好きになったと言ってくださる方がいるのは嬉しいですね。また、ブログを固定で見てくださって、新しい手ぬぐいを販売したら必ず買ってくださる方が全国にいます。先日は、イベントに八丈島の方が来てくれました。あるいは、海外へのお土産にしたいからと、10枚も20枚も買ってくださったり。そういうのは本当に嬉しいです。

身近なところでは、私が手ぬぐいはいいよー、いいよーと言い続けて、同僚や友達もいつの間にか手ぬぐいを使うようになっているとか（笑）」

「手ぬぐいのことだったら何でもやります！」とおっしゃる住さん。大好きな手ぬぐいのために、これからも、さまざまな方法で手ぬぐいの魅力を発信し続けてくれるだろう。

ワークショップに参加された皆さんと完成したバッグを腕に掛けて

手ぬぐい１枚を切らずに縫い合わせただけなので、糸を抜けばまた手ぬぐいに戻る

住　麻紀（すみ・まき）
静岡県三島市在住。三島生まれ三島育ち。元美術館学芸員。現在はフリーランスで取材、執筆、編集、デザイン、展覧会企画などを手がける。仲間と伊豆の「ひと」「もの」「まち」をつなぐユニット「SeCue（セキュー）」で「伊豆時時新聞」の編集・発行も行う。屋号「Aderi（あでり）」。
HP「Aderi」　http://aderi.co/
「tenu online shop」　http://imples.hacca.jp/shop/

現役手ぬぐいクリエイターインタビュー

◉手ぬぐい・りんりん

菅原 恵利子さん

葉山シリーズと大人シリーズの両輪で展開している手ぬぐい・りんりん作品。ちょっとドキッとする大人シリーズは川崎市の金山神社で毎年開催される「かなまら祭」でも大人気だ。

自然体の着物姿が素敵な菅原さんは、お話しぶりも軽妙洒脱で、手ぬぐい作品だけでなくご本人のファンにもなってしまう人、続出！

手ぬぐい・りんりん作品でまず気になるのは、やっぱり大人シリーズ。〝珍〟と〝満〟をモチーフにした、ちょっとエッチで、でもユーモラスなかわいさもあるこのシリーズについて聞いた。

「〝珍満つなぎ〟は、長襦袢の柄にしたいなぁと思って長年温めていたアイデアなんです。私は着物が好きで、２００２年から「KIMONO真楽」というコミュニティサイトを主宰しているんですが、３周年記念で手ぬぐいコンテストをやろうということになった時に、この柄を出してみました。

着物のコミュニティは上品な方が多いので、〝珍満つなぎ〟はあっさり選外だったんですけど（笑）、メンバーの中に「この柄の手ぬぐいが絶対欲しい！」と言ってくれる人がいて、だったら、東京和晒の実染塾というところで手ぬぐいを作れるみたいだから行ってみようか、ということになって、それが手ぬぐい作りの始まりですね」

大人シリーズの手ぬぐいは、日本随一の奇祭と言われる「かなまら祭」の名物としても知られている。かなまら祭は、巨大な男根の御神体神輿が練り歩くことで有名な祭りだ。

「かなまら祭に出店するようになって、もう10年くらいでしょうか。いろんなご縁が繋がっての結果で、かなまら様のお導きだったりするのかな。

〝珍満つなぎ〟を作りに行った実染塾の帰りに、講師の内藤早苗さんに何気なく、「この手ぬぐいを巻いてかなまら祭に行きたいんですよね」と話したら、「私、その神社の幼稚園の出身なんです」なんて思いがけない返事をされたり。

出店の回を重ねるうちに、素敵な出来事も増えてきました。前の年に買ってくださった手ぬぐいをダボシャツにしたり、ポシェットにしたり、ハンチングにしたりして、見せにきてくれるお客さんが毎年必ずいるんです。〝珍満〟を気に入ってくれて、実際に使ってくれて、もう本当にうるうるしちゃうくらい嬉しいですね。

私の手ぬぐいは、葉山のお店が常設で置いてくださったり、ネットショップで販売もしていますが、なるべく手から手へ、手渡しで売っていきたいなって思うんですね。使ってくれる人の顔が見えたほうが嬉しいし、たくさん作ってたくさん売るということはしたくないと思っています。そもそも注染って、そういうものではないと思いますし」

手ぬぐい・りんりんのもう一つのシリーズ、葉山シリーズにはどのような想いが込められているのだろうか。

「東京から葉山に引っ越してきたのは２００２年の暮れです。私は映像の仕事をしているので、東京では、窓もない部屋の中で、昼も夜もなく、時間もわからずに編集作業をする、

天井に吊して飾られているのは葉山シリーズの手ぬぐいたち

古民家カフェレストラン「engawa cafe & space」では、手ぬぐい・りんりん作品の全柄を展示販売している

というような生活だったんです。それが葉山にきて、人間らしい暮らしに戻ったなぁと感じています。

　最初は、植物の名前をまったく知らないどころか、どれが雑草かもわからないような有様だったんですが（笑）、今ではすっかり自然に沿って、四季と共に暮らしています。幸せですね。幸せだから、葉山シリーズの柄が生まれてくるんだと思います。

　海があって、里山があって、葉山は本当にいいところなので、できるだけ土地に関わって、恩返しというか、お役目を果たしていきたいと思っています。実際、地元のお役目が増えてきてもいますし。

　今年、近所の森山神社の手ぬぐいを新作で作ったんですが、これも、イベントのチラシを作ったり、記録写真を撮ったり、今まで仕事をしてきた中で培ったスキルを活かして地元のお役目を務めている中で、「手ぬぐいを作ってくれない？」という話が出てきたんです。土地に馴染んで、土地の人と仲良くなって、ということが、ごく自然な流れで自分の活動に繋がっていったりするんですよね。

　森山神社では毎土曜に朝市が開かれていますが、行けるときは必ず、トランクに手ぬぐいを詰めて出店しに行っています。寅さん的ですね（笑）」

　菅原さんは、布や着物の持つ日本的な大らかさが好きだという。

「洋服は人に合わせてカットして縫うけれど、着物は太った人は太った人なりに包むでしょう？　手ぬぐいも、平べったい切りっぱなしの布だけれど、物に対して形を変えて包むことができる。切ったり貼ったりしないで、布の側が物に合わせて包むという日本的な考え方がいいなって思うんですね。

　注染も同じで、発注するときにあまり色にこだわっても意味がない。最初に色見本を出してもらったって、そのとおりには仕上がってこないし、仮にその時イメージどおりだと思ったとしても、注染手ぬぐいは使っているうちに色が薄くなったり変わってしまう。だから、アバウトさが必要だし、アバウトなほうが楽しいと思います。仕上がってきたものをそのまま受け入れるほうが楽しい」

　菅原さんは、手ぬぐいを畳んで帯をかける作業も楽しんでいる。

「帯にも結構こだわってるんですよ。ハサミやカッターを使わないで、端がこうちょっとぼさぼさになるようにしているんです。畳み方も、〝珍満つなぎ〟のラスタカラーだったら、ちゃんと3色が見える畳み方を考案したり。この畳み方、面倒くさいんですよ（笑）。

　あと私は、1枚1枚畳んでいくときに、例えば〝珍満つなぎ〟だったら、男と女が仲良くなりますように、とおまじないをかけながら畳むんです。そうすると、たぶん、おまじないがちゃんと手ぬぐいに込もるんですよ。1枚ずつ検品しながら畳んでいくのは、物に関わる最終的な作業だから、大切にしたいと思っています。

　かなまら祭前など、大量に手ぬぐいを畳む作業は大変ですが、私は相撲が好きなので、場所中は相撲を見ながら手ぬぐいを畳むことにしているんです。そういう風に、どう組み立てたら自分が楽しいかというスケジュールを組めば、大変なことでも楽しんで、いろん

ポップな色味が楽しい“珍満つなぎ”をはじめとする大人シリーズ。カゴの一番上の手ぬぐいは“珍小紋”

葉山シリーズ“波待ち縞”は、この一色海岸がモチーフ。菅原さんは散歩の時にデザインがひらめくことも多いという

菅原 恵利子（すがわら・えりこ）
神奈川県葉山町在住。映像制作会社で企業プロモーションビデオの演出や制作に携わっている。着物・布・素材好きが高じて、2002年より「KIMONO真楽」というコミュニティサイトを主宰。2006年春から「手ぬぐい・りんりん」として活動中。
HP「りんりん便り」http://tenugui-rinrin.jimdo.com/

なことができると思いますね。
だから私は、手ぬぐいというものをクリエイトしているんでしょうけど、もしかしたらそれは、時間をクリエイトするということであって、結局、生き方や暮らし方にも繋がっているのかなって思います」

活動初期と今とでは、作りたい柄が違ってきたという菅原さん。

「葉山シリーズの“波待ち縞”や“月の道”など、最初の頃は絵のように、手ぬぐい1枚の四角の中でほぼ完結する柄が多かったんです。でも今は、完結しないで繋がっていくもの、繰り返していく柄がいいな、面白いなって思っています。繰り返しの柄で浴衣を作ってみたときに、世界が広がった感じがしたんですよね。

こんな風に、続けているうちに気持ちも変わっていったりするから、手ぬぐい作りに興味のある人は、まず一歩踏み出してみるといいと思いますね。始めてみないと何も始まらないから、まず始めることが大事！」

クリエイターといっても、それ1本でやっていくというよりは、自分のスキルを最大限活かして複数の仕事を持つことがこれからの時代には必要なのではないかと菅原さんは話していた。子育てをしながら、あるいは定年後に年金をもらいながら、一方で手ぬぐいクリエイターとして活動する。そんな人が増えたら楽しいなと思えるインタビューだった。

現役手ぬぐいクリエイターインタビュー

◉ zucu

武子 幸子さん

zucuの活動を始めてから2年足らずの間にガッチリ手ぬぐいクラスタの心をつかんだ武子さん。注染に出会ったのは2010年のことだという。

「2010年から東京和晒の手拭実染塾や、別の施設の型彫り教室に通いました。私は大学でデザインを学んでいて、何か物作りをしたいとずっと思っていたのですが、何を作ったらいいかわからなかったんです。それでいろんなことに手を出して、いろんな体験教室へ行ってみたり。そんな中で、元々、布や紙、模様が好きだったので、注染に出会った時に、自分にはこれが合っている、と思いました。

まず注染に魅力を感じたのは、ぼかしですね。一番最初に、差し分け染めという技法でぼかしの入った手ぬぐいを染めたんです。出来上がりをめくった時に、パッと色が立ち上がってきて、すごくキレイだなぁと思いました。これを追求したい、と。

それから、私は紙が好きなので、紙を彫る、という行為にもすごく惹かれました。手ぬぐい作りの工程で最も好きなのは型彫りですし、今のところ、zucuの作品は全て自分で彫っています」

屋号のzucuという名称には、どんな意味が込められているのだろうか。

「zucuの由来は……。よく聞かれるんですけど、そんなにはっきりした理由があるわけではなくて（笑）。

寄せ木細工で、木を寄せて薄くスライスし

手ぬぐいクラスタに圧倒的な人気を誇るｚｕｃｕの手ぬぐい。武子さんの活動を目標に、手ぬぐいクリエイターを目指している方も多いのではないだろうか。
注染との出会いから柄に対するこだわり、これから手ぬぐいクリエイターを目指す方へのアドバイスまで、たっぷり話してくれた。

たものを〝ずく〟と言うんです。その工程と、手ぬぐいの蛇腹に重ねて染め、剥がすという手順がすごく似ているように思ったのが一つですね。それから、長野のほうの方言で、すごく良い意味があるらしくて。標準語にはしづらいんですが、「あなたはずくがあるね」と言うと、よく働く、根気や根性がある、というような意味になるそうです。

屋号は、日本語で、あまり具体的な意味を想像させない言葉にしたかったんですね。私に〝ずく〟のことを説明してくれた職人さんとのやり取りもすごく楽しくて、職人さんの仕事に憧れて、という面もあります」

ｚｕｃｕの作品は、色違いなども含めると20種類以上。いずれも個性的な色柄でありながら、ブランドイメージは統一されているように感じる。デザインのこだわりを聞いた。

「デザインする時には、ＰＣもアナログも使います。手描きしたものをスキャンしてＰＣに取り込んだり。

ただ、どちらにしても型を彫るのは手作業なので、例えＰＣで直線に引いた線でも彫るときに不正確にはなるんですね。私はその手仕事ならではの歪みを自分の中で大切にしていて、丸もわざと歪ませて彫ったりします。

今は機械で型彫りする方法もありますが、私は手のラインがいいなと思いますし、その部分がこだわりです。

柄については、手ぬぐいのイメージって、和とか渋いとかいろいろあると思うんですが、私はイメージにはとらわれず自由に作りたいなと思っています。手ぬぐいとか和雑貨には今まであまり縁がなかった人たちも入りやすいデザインにしたいな、と。

２０１４年６月の個展でお披露目した新柄の〝アズレージョ〟は、ポルトガルを旅行したことがきっかけで制作しました。ポルトガルの街並みには、アズレージョと呼ばれる装飾タイルで彩られた建物があちこちにあって、とてもキレイなんです。そのタイルを、大きさなどもできるだけ同じになるようにデザインしました。

海外旅行が好きなので、外国と日本の間のような雰囲気を作りたいと思っています。〝アズレージョ〟を見てくださった方は、「浴衣に良さそうね」とか「レースみたいね」とおっしゃってくださいました。

注染には表裏がないので、特別な理由がない限り文字や数字は入れないで、表裏を作らないようにもしています。なるべくなら天地左右もないようにしたい。あと、広げたときの見え方だけでなく、販売用の畳み方をした時や、普段使いの畳み方の時に柄がどのように見えるかも考えていますね」

注染の工程を知らずに完成した手ぬぐいだけを見るとあまりわからないが、実はｚｕｃｕの手ぬぐいは製作が難しい職人泣かせの作品揃いだ。

zucu作品の型紙たち。下は〝アズレージョ〟の型紙と完成した手ぬぐい。型紙は、色を着けたい部分を残し、白地の部分を彫る

「江戸小紋を意識してデザインした柄の手ぬぐいがあるんですが、ここで使っている丸も、本当は注染には小さすぎるみたいなんです。職人さんには本当に毎回大変な染めをお願いしているんですが、私は、これはできませんというラインよりももう少し、きっと職人さんはできる！　と思っていて。毎回ちょっとずつ壁に挑むというか、課題に挑戦するというか。……職人さんがどういう思いで染めてくださっているかはわからないから、もしかしたら、すっごく嫌だ、と思われているかもしれませんけど（笑）。

一度は染めてくれたけど、次はもう無理と言われたこともありますし、事前に柄を相談した時に、妥協案というか、ここをこうしたらできるけど、みたいに提案されることもあります。そういう時は、自分が表現したいデザインとのギリギリのラインを探る感じになりますね」

最近はギャラリーやイベント主催者側からの声掛けで出展することも少しずつ増えてきたという武子さん。現在の活躍に至るまでの道はどのようなものだったのだろうか。

「最初は、出展できそうなイベントを探して応募しての繰り返しでした。基準としていたのは、審査のあるイベントであることです。もちろん、落ちてしまうこともあります。

手作り関係のイベントでは、自分で染めていないということが結構ネックになるんです。主催者の考え方によって、参加資格すらもらえない大きなイベントもあります。私としては、買ってきた布を縫った作品がOKで、私がダメ、というのは納得がいかない部分もあるんですが、それは主催者や周りの人が決めることなので仕方ないですね。

でも、とにかくイベントに出ることで、そこで出会った人が次の機会の声を掛けてくれることもありますし、イベントのHPの出展者情報を見て連絡をいただくこともあります。だから、これから手ぬぐいクリエイターを目指す人に、私が今まで活動してきた中でできるアドバイスとしては、いいイベントに出ると次に繋がる道が開けることもある、ということでしょうか」

活動3年目に入ったばかりのzucu。今後の展開について聞いた。

「理想としては、年に3~4柄は新作を作りたいのですが、今年は2柄となりそうです。少ないなと思うんですが、zucuの活動を始めた初期に勢いでたくさん作ってしまったので、在庫をどうするかといったことも考えないといけませんし。

今は、私から発信できる場所がブログしかないので、オンラインショップを作ることもこれからの課題ですね。イベントで手ぬぐいを買ってくださった方が、また同じ手ぬぐいを買いたいとおっしゃってくださることもあるので、入手しやすいオンラインショップは必要だと思っています。

私はzucuを仕事として成り立つようにしていきたいので、イベントの宣伝方法や、経営的な考え方など、いろんな能力が必要だなぁと思うんですよね……。いろいろ、考えている最中です（笑）」

幅広い年代の人に、普段の生活の場でzucuの手ぬぐいを使ってほしいという武子さん。その願いどおり、zucuファンはこれからもどんどん増えていくことでしょう！

種類豊富なzucu作品の中で、武子さんが代表作と自負しているのは花柄の"さしわけ"。お客さんの一番人気もこの柄だという

武子 幸子（たけし・さちこ）
1980年生まれ、神奈川県在住。東京造形大学でグラフィックデザインを学ぶ。卒業後は舞台の世界で身体を使った表現の道へ進み、全国各地や海外での公演を経験。2010年「注染」と「型彫り」に出会い、徐々にオリジナルの注染手ぬぐいを作り始める。2011年に舞台の世界から離れ、2012年10月からzucuとしての活動をスタート。
HP「zucu 注染てぬぐい」http://www.zucu-tenugui.com/

2014年7月に開催されたイベント「はこづくり」の会場にお邪魔して取材させていただいた

Column

手ぬぐいクリエイターイベント

昨今の手ぬぐいブームを背景に、手ぬぐいクリエイターの活躍の場もどんどん拡大している。2014年に開催された、手ぬぐいクリエイターイベントを2つ紹介する。

イベントは、クリエイターに直接会える貴重な機会だ。インターネットなどでイベントの告知を見つけたら、ぜひ足を運んでみよう。

手拭道(てぬぐいどう) ～注染手ぬぐいの恐るべき魅力～

9月26日、お台場にあるライブハウス「東京カルチャーカルチャー」で、注染手ぬぐいの魅力にとことん迫るトークライブが開催された。会場参加者95人、イベントの様子はUstream中継もされ、6550人が視聴した。

「ヴィンテージ手ぬぐい蒐集の手拭道～手ぬぐいから日本の近代史と美術史が見える～」と題した第1部には、豊田コレクション意匠研究所代表の豊田満夫さん、注染作家で女子美術大学非常勤講師の内藤早苗さん、東京和晒㈱代表取締役の瀧澤一郎さんが登壇した

第2部は「手ぬぐいクリエイターの手拭道～カリスマ手ぬぐい作家の手ぬぐい人生～」。左から司会のテリー植田さん、アンカーマンの住麻紀さん（tenu）、ゲストスピーカーとして菅原恵利子さん（手ぬぐい・りんりん）、武子幸子さん（zucu）、上楽藍さん（とことわ）

手ぬぐいづくりワークショップ

渋谷東急ハンズ7階にあるハンズカフェを会場に、9月29日と10月2日の2回開催された。ワークショップは、手ぬぐいの染めに使っている型紙（渋紙）を用いて、簡易的にオリジナルデザインの手ぬぐいを作成するというもの。染めは注染ではないものの、手ぬぐい作りの導入としてお手軽な内容で、参加者からは「次は注染にもチャレンジしたい」との声が聞かれた。

1日定員12名が予約開始日に即日埋まるほどの人気だった。講師は、注染作家の内藤早苗さん、手拭実染塾(P64)講師の矢作萌さんの2人が務めた

注染手ぬぐいを
より深く理解するために

手ぬぐいを知る

古代から使われてきた手ぬぐいの歴史、注染の製造工程、手ぬぐいデザインの変遷など、日本伝統の手ぬぐいについてさまざまな角度から紹介します。

古代から現代へ継承される 手ぬぐいの歴史

はち巻きの埴輪

『魏志倭人伝』による「冠もの」

手ぬぐいの起源は古代 儀礼に用いた冠もの

手ぬぐいと聞くと多くの人は、濡れた手や汗を拭う布を連想するだろう。ところが、布で手を拭く習慣が日本に根付くのは近世に入ってから。それ以前は布が貴重品であり、手を拭くことなど考えられなかった。

一般的に手ぬぐいの原点は「冠もの」と考えられている。邪馬台国の記述があることで有名な3世紀の中国史書『魏志倭人伝』では、日本人の服装を「其の風俗は淫ならず。男子は皆露紒《ろけい》し、木緜《もめん》を以て頭に招く」と記している。つまり、麻織物か紬のような絹織物でできた小裂布《こぎれぬの》を鉢巻きのように身につけていたようだ。

これを裏付けるように3～6世紀に築かれた古墳からは東京国立博物館に所蔵される「はち巻きの埴輪」「琴をひく男子埴輪」のような鉢巻き姿の埴輪も出土している。恐らく支配階級が儀礼装飾として小裂布の鉢巻きをはじめ、金属性の冠が出現するとそちらへ移行。身分の低い人々が小裂布の鉢巻きを継承したのだろう。

奈良時代、「大宝律令」が施行されると、絹、麻、綿などが税として平城京に集まる。この頃から手ぬぐいを現す「太乃己比」「手巾《たのごひ》」の文字が文献に見られる。どちらも読み方は「たのごひ」。「た」は手、「のごひ」は拭うを意味する。後世、これが転じて「手ぬぐい」になったと言われている。貴族たちの余剰物資は、平城京内の市場で売買され、ある時期には麻の手巾20余枚と牛一頭が同じ価値で取引された。まだまだ、庶民には高嶺の花だった。

平安時代になると、手ぬぐいは貴族や僧侶の神事、儀式には不可欠の存在となる。宮廷儀式の「大嘗祭」では、新しい天皇が地神、天神に新穀を供え、自らも神前で箸をとるが、その際に巾子《たなこい》（手ぬぐい）で手を拭う。ようやく、手を拭う使い方が見られるようになるが儀式の意味合いが強い。

源平合戦を経て、武家社会へ。鎌倉、室町、戦国時代の様子を伝える絵巻物をみると、飢饉の施しを受ける難民が鉢巻きをしたり、尼僧が頭巾にしたり。冠のようにかぶって高僧を拝む女性もいれば、覆面にして顔を隠す僧兵の姿も見られる。徐々に庶民の手に手ぬぐいが広まっていく。

湯女の図。明治元年(1868)歌川芳幾「時世粧年中行事之内 一陽来復花姿湯(いまやうねんじゅうぎょうじのうち はるめくむはなのすがたゆ)」

江戸時代に木綿登場 第1次手ぬぐいブームへ

「織田が搗き、羽柴がこねし天下餅、すわりしままに食うは徳川」とは江戸時代の落書(作者不明の風刺歌)。徳川家康が何もせずに天下を取ったとはやや酷評だが、慶長20年(1615)、「大阪夏の陣」で豊臣家が滅ぶと明治まで大きな合戦はなくなる。

江戸時代『新版　手拭い尽くし　いせ辰』
使い方を紹介したもの

江戸時代になると、手ぬぐいの世界にも大きな変革が訪れる。その一つは木綿栽培が急速に広まったこと。一説では、木綿の生産量が増えたことで、いわゆるデフレーション(品余り)になり商人たちが木綿を売るために、布で手を拭いても良いという意味の「手拭」という文字を用いたという。

銭湯の普及も大きい。江戸の銭湯がいつ始まったのかは不明だが、慶長14年(1609)に刊行された『慶長見聞録』には、天正19年(1591)、伊勢与市が銭瓶橋(江戸橋付近)のほとりに銭湯を設けたとある。徳川家康が江戸入府した翌年であり、町作りに励む職人たちが汗を流したことだろう。その後、町ごとに銭湯あり、と言われるほど普及していく。

当時の風呂はサウナの一種で、湯気が逃げないように小部屋に浴槽を設け、石榴口《ざくろぐち》と呼ばれる板をくぐって出入りした。どっぷりと湯に浸かる現代的な風呂もほどなく現れる。

銭湯には背中を流したり、茶などをサービスしたりする湯女《ゆな》が元禄16年(1703)の大地震まで常駐する。これが商家の旦那衆や若者に人気を博し、元吉原遊郭に閑古鳥が鳴いたとか。入浴客は体を洗い、湯上がりに拭く。湯女も髪型が崩れないようにかぶるなど、手ぬぐいの需要は急速に高まる。

いつの時代もこのように庶民の生活に密着した素材を宣伝に活用する賢い人間がいる。歌舞伎役者もその1人だ。彼らはオリジナルの手ぬぐいを作り、贔屓筋《ひいきすじ》(後援者)に配布した。今でこそ、歌舞伎は重要伝統芸能とし

7代目市川團十郎が考案した「かまわぬ」柄

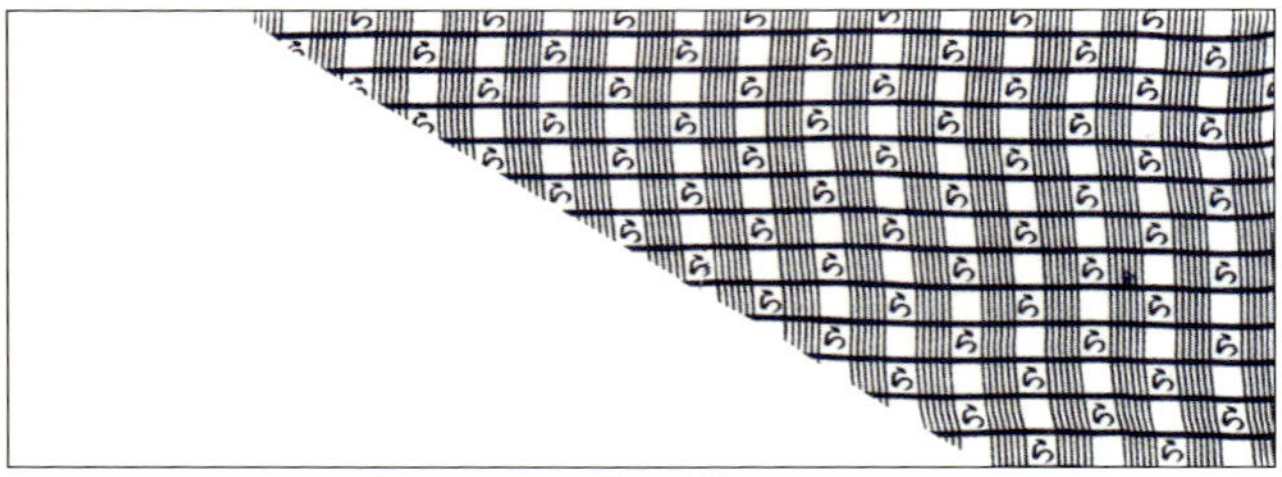

市村羽左衛門の「市村格子」

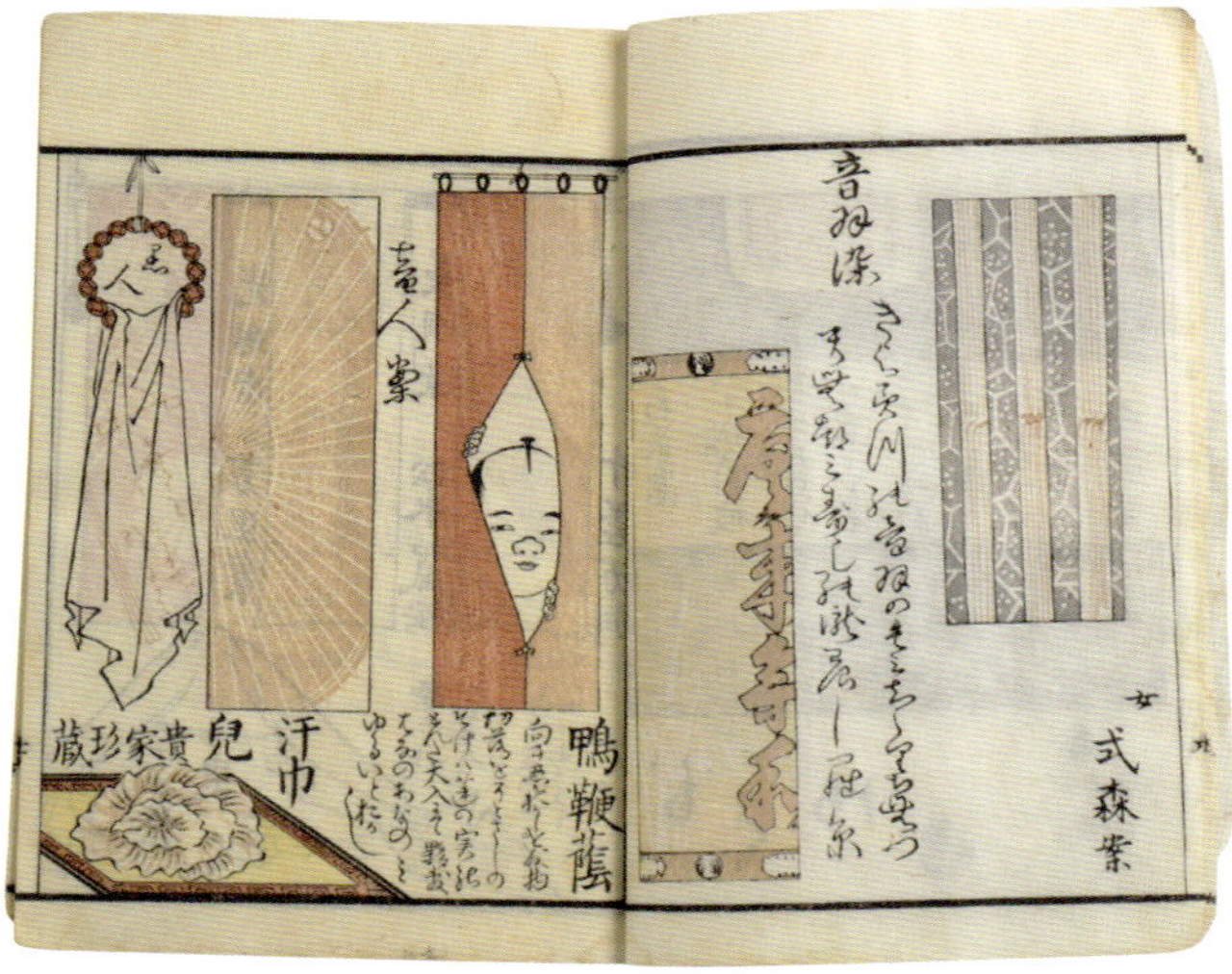

天明4年（1784）山東京伝『たなぐひあわせ』

て敷居が高く感じるが、江戸時代の歌舞伎は庶民の娯楽であり、演者は憧れの的でもあった。それだけに、家紋、屋号、判じ物などアイデアを凝らしている。

判じ物は絵や文字を組み合わせた、いわば「なぞなぞ」。たとえば、7代目市川團十郎が考案した「かまわぬ」という絵柄は、「草刈り鎌」と「丸」の絵、ひらがなの「ぬ」が縦に並んでいる。これで「かま（鎌）わ（丸）ぬ」と読ませる。橘屋こと市村羽左衛門の「市村格子」は一本の太い横線に、六本の細い線が十字型に交差し、ひらがなの「ら」を添える。一本線を「いち」、六本線を「む」と読ませ、ひらがなの「ら」を加えると市村になる。分からない人は放っておき、理解できる人だけがクスリと笑う。洒落を楽しむ江戸っ子の粋が感じられる。

武家や豪商など富裕層の中には財力に物を言わせて、芸術性の高い手ぬぐいを作る動きも出てくる。昔ながらの和風旅館などで今も目にする木製の手ぬぐい掛けに、特注の手ぬぐいをかけて、絵画のように鑑賞したそうだ。

自慢の一品が完成すれば披露したくなるのは人の常。江戸後期の天明3年（1783）には戯曲家・山東京伝が中心となり、「手拭合わせ」が開催される。合わせとは参加者が趣向を凝らしたものを持ち寄り、互いに品評する遊びを言う。この日は狂歌師黒鳶式部（京伝の妹）、松江藩主の弟・松平雪川《まつだいらせっせん》、浮世絵師の喜多川歌麿、歌舞伎役者の市川三升など、豪華な顔ぶれが集まっている。このように、手ぬぐいは江戸時代に第1次ブームを迎える。

染色技法、染料が向上
昭和初期にブーム再来

手ぬぐいの歴史の中で、明治時代は変革期となる。現在、主流の染色方法「注染技法」が、明治後期に産声を上げるのだ。これにより生産性が格段に向上する。

注染以前は、「長板中形」という染め技法で両面藍染めが行われていた。1枚の布を、「長板」という約6メートルの長さの板の両面に薄糊で貼り付けた後、約40センチの長さの型紙を置き、糊を擦っては人が移動するという方法で、一度糊を天日で乾燥させた後、再度長板の上に布を裏返しして糊を擦っていくので、大変手間も時間もかかった。熟練した職人でも1日に4、5反を型付けするのが精一杯という程だった。

注染の発明により、人間は移動せず、手元で、なおかつ両面同時に糊付けができ、表裏の柄合わせも気にならなくなったため、1日に100反以上の型付けができるようになっ

て生産性は一気に30倍程にも向上したのだ。
染料分野では合成染料が登場する。合成染料は、江戸時代末期の安政3年（1856）にイギリスの化学者W．H．パーキンが赤紫色染料モーブを開発したことから始まる。日本には文久2年（1862）に伝わり、京都や桐生で試用。明治に入り、明治元年（1868）に大阪、同3年（1870）に京都に理化学研究機関の舎密《せいみ》局が設けられ、本格的な研究と実技指導が行われる。
当初はメチルバイオレット（紫粉）、マゼンタ（紅粉）、ソルブルブルー（紺粉）しかなかったが天然染料よりも使い勝手がよく、次第に利用者が増える。それに伴い、染料の種類も増えていく。
大正から昭和にかけては、型紙分野で「紗張り」と呼ばれる技術が開発される。紗は粗く編んだ絹の布で、模様を刻んだ渋紙に漆で

Column

大正から昭和の粋人が開いた「美蘇芽会」とは

旧満州大連市にて大正14年4月に中林峯昇氏が始めた「大連蒐集会」がその前身で、毎月さまざまな図案の手ぬぐいを頒布していた。当初の染めは大阪蜂谷手拭店が受けていた。

大正15年7月の第16回より会の名称を「美蘇芽会《みそめかい》」とした。ちなみにこの時の手ぬぐい書題が「美そめ」であった。この頃より染めは東京の松山手拭店が受け持つ。

美蘇芽会の組織は大連が本部で中林氏が代表。東京支部兼事務局が松山櫻州氏であった。他にも京都の小西一四三氏、神楽氏、大阪の田中亀文氏らが名を連ねた。

中林氏は、日本我楽他宗《がらくたしゅう》に入宗し自らを平凡寺上人とも名乗った。それゆえ髑髏《どくろ》の眼に簪《かんざし》を刺した「どくろ美人」や、赤地に全身が骨ながら、頭に日本髪を結った「骸骨美人」、鉢巻の骸骨が踊る様子を描いた「踊る骸骨」などいくつかの諭絵の作品を輩出した。

昭和2年に友禅図案家の団体が京都八坂倶楽部にて小西氏のコレクションの手ぬぐい展を開催したのを機に、美蘇芽会も協力し大阪三越でも大々的に手ぬぐい展を開催した。更に昭和4年1月には大連三越にて2000枚以上の手ぬぐい展が1週間にわたり開催され大評判になった。

前後して昭和3年4月より美蘇芽会のメンバーが中心になり、手ぬぐい同人研究誌『佳芽乃曽記（かめのぞき）』第1号が発刊され、以降ほぼ隔月で発行された。また、何回か公募型の「手拭交歓会」も開催している。

このようにいろいろな活動を続けた美蘇芽会も、昭和10年代になり戦争のため休会し、その後は再開することがなかった。

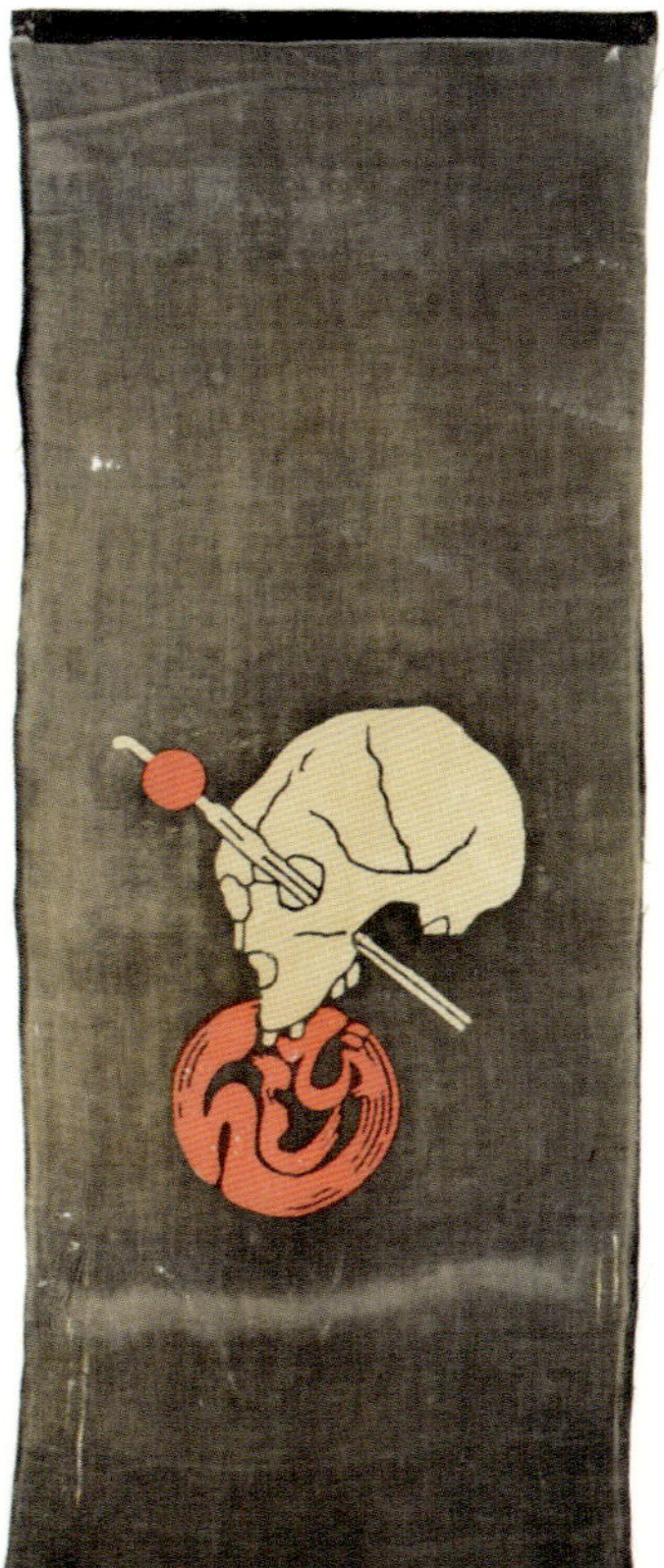
「どくろ美人」

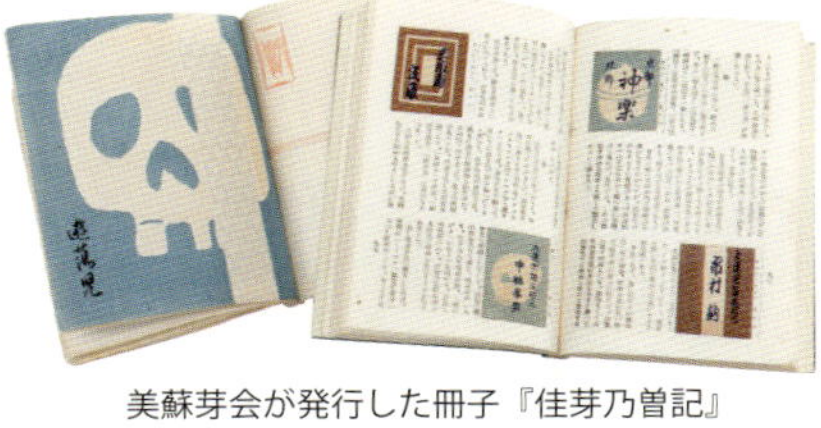
美蘇芽会が発行した冊子『佳芽乃曽記』

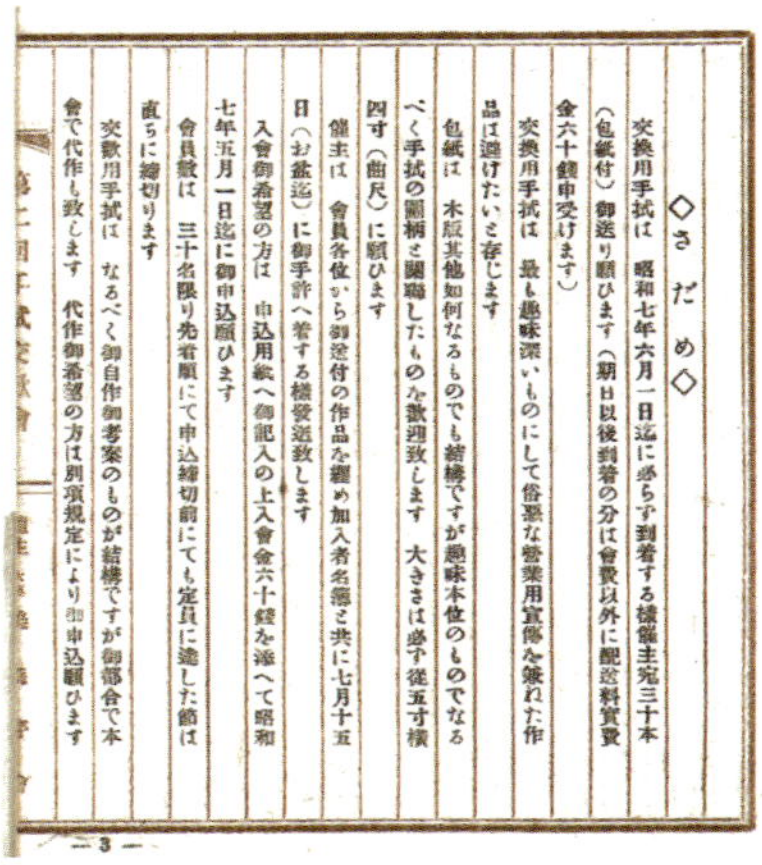
◇さだめ◇

交換用手拭は　昭和七年六月一日迄に必らず到着する樣催主宛三十本（包紙付）御送り願ひます（期日以後到着の分は會費以外に配送料實費金六十錢申受けます）

交換用手拭は　最も趣味深いものにして俗惡な營業用宣傳を兼ねた作品は避けたいと存じます

包紙は　木版其他如何なるものでも結構ですが趣味本位のものでなるべく手拭の圖柄と關聯したものを歡迎致します　大きさは必ず從五寸横四寸（曲尺）に願ひます

催主は　會員各位から御送付の作品を纏め加入者名簿と共に七月十五日（お盆迄）に御手許へ着する樣發送致します

入會御希望の方は　申込用紙へ御記入の上入會金六十錢を添へて昭和七年五月一日迄に御申込願ひます

會員數は　三十名限り先着順にて申込締切前にても定員に達した節は直ちに締切ります

交歡用手拭は　なるべく御自作御考案のものが結構ですが御都合で本會で代作も致します　代作御希望の方は別項規定により御申込願ひます

— 3 —

美蘇芽会主催第2回手拭交歓会の「さだめ」（募集要項）

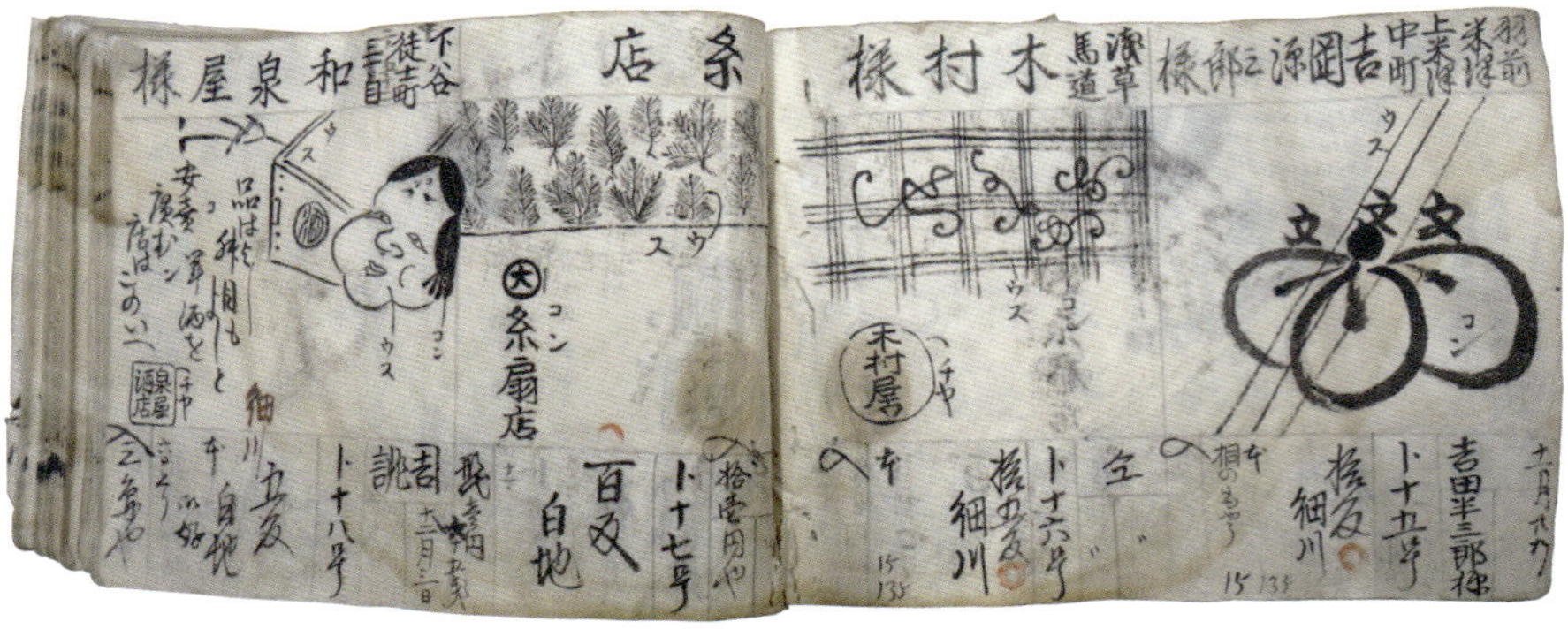

明治末期の「手拭の注文台帳」。得意先別に、柄の特徴、数量、納期などが毛筆で細かく書かれている

貼り付けると丈夫な型紙になる。こうして、デザインの自由度が上がり、価格も下がったことで、昭和初期に第2次手ぬぐいブームが起こる。江戸時代以来の歌舞伎用をはじめ、舞踊や邦楽に使われる舞踊用、画家や染色家が出かけた頒布会用、企業や商店が年賀や暑中見舞いに配布する挨拶用など、さまざまな手ぬぐいが世に出回る。

　急成長した手ぬぐい産業だが、第二次世界大戦が激震をもたらす。昭和13年に、当時もすでにかなり輸入に依存していた木綿が輸入禁止物資に指定されたことから統制品になり、入手困難になったのだ。食糧不足が深刻になると、人々は着物を持参して農家を訪ね、野菜や米との物々交換を行う。最初こそ農家も喜んだが、着物の枚数が増えれば首を縦に振らなくなる。しかし、手ぬぐい（木綿）を持ち込むと農家も不足していたため、快く交換に応じたという話もある。

戦後タオルが席巻するも、近年、手ぬぐいが再注目

　戦後の混乱期が過ぎると、人々の生活に再び手ぬぐいが戻ってくる。昭和25年に発生した朝鮮戦争にともない繊維業界では機織り機

明治時代、紺屋から染色工場への脱皮

長板の型付け工程

長板の乾燥工程

昭和後期に犬が主人公の童話を組み合わせで配った手ぬぐい

細川染めの名作のひとつ、
写楽原画「瀬川菊之丞、中
島和田右衛門、中村此蔵」

がガチャンと動く度に万単位の金が儲かると言われた「ガチャマン景気」が起こり、息を吹き返した。以後、昭和30年代末までは、ゆかたを中心に注染は増加する一方で、ピークの昭和39年には、全国で約1300万反と、現在の7倍以上の生産・販売量を数えた。当時は、ゆかた対手ぬぐいの比率が80：20で現在とは逆であった。

注染ゆかたの職人は、スピード優先の手ぬぐい職人に比べて仕事が丁寧で、この頃には、現在ではあまり行われない「細川染め」の名作も数多く染められた。

昭和40年以降は、公害問題への対応の難しさ、生活の欧米化による着物・ゆかた離れ、価格の安いプリント製品への移行などの原因で、急激に生産・販売量が落ち込んでいった。

しかし、手ぬぐいの底力は強かった。昭和63年から平成にかけ、大手百貨店で古い手ぬぐいの展示と販売会を行うと大盛況。洒落の利いたデザインの面白さ、手仕事の味わい深さ、長く慣れ親しんだ木綿晒布の感触などが再注目される。昔ながらの注染技法に加えて、シルクスクリーンやインクジェットプリントなどの技法を活かした新時代の手ぬぐいも登場しており、今後も手ぬぐいの世界は「進化」あるいは「深化」していきそうだ。

Column

こんなにあった小巾綿布の種類

昭和41年頃、「日本織物中央卸商業組合連合会」により作られた「綿スフ織物規格表」の中にある「白木綿申合規格」という表を紹介する。

これを見ると、今ではない生地名がほとんどである。密度やサイズなどの数字も当時の規格で記載されており、現在のものとはかなり隔たりがある。織物の規格は通常「未加工の生機（きばた）」でのものとなる。晒すと概ね５％くらいは縮む。鯨尺＝37.88cm、鯨寸＝3.788cmである。

現在、手ぬぐいに使われている生地についてはP52を参照してほしい。

白木綿申合規格

区分	規格	番手 経糸	番手 緯糸	密度 経糸 総本数	密度 緯糸 鯨寸間	サイズ 巾 鯨尺	サイズ 長 鯨尺	一反当り糸量	備考
	特　岡	30	30	930	92	1.00	31.5		
	岡	〃	〃	890	88	0.98	30.5		5号の5
	捺染岡	〃	〃	〃	〃	〃	30		11反続き
	光	〃	〃	860	84	〃	30.5		12反続き
	裏	〃	〃	830	72	0.96	〃		〃
	自	〃	20	840	76	0.95	29		9　号
	文	20	〃	656	65	〃	28		11　号
	国	〃	〃	490	46	0.90	53		
	2 A	16	16	530	52	〃	26.5		2号A
	東　壱	16	16	530	50	0.86	26.5		
	東　参	〃	〃	〃	46	〃	〃		晒上0.83×25.5鯨尺
	東　稀	〃	〃	570	56	〃	〃		〃
	東　別	〃	〃	550	54	〃	〃		〃
	東　旭	20	20	675	68	0.95	27.0		〃
	東　天	〃	〃	656	65	〃	28.5		〃

型紙職人松井正吉さん

松井さんが使用する道具

注染手ぬぐいの製造工程

注染の工程はまずは型紙作り。その後に糊付けし染色をするのが基本的な流れとなる。

型紙

●渋紙作り

デザインを彫り、そこに染料を注いで布を染める基となるのが型紙。使われるのは渋紙である。上質な和紙を、熟成させた柿渋で張り合わせ、さらに表面にも柿渋を塗り天日で乾かしたもの。伸び縮みしない安定した紙になると同時に、和紙を水から保護する防水の役目もあるのが使われる理由だ。

この工程で作るものは本渋と呼ばれ、伊勢の白子や鈴鹿で製造されたものが上質とされている。多くの注染業者が使用するが、最近では本渋に代わる新しい材料で作る紙も開発されている。

●図案描き

手ぬぐいの絵柄は重要な要素。携わるのが型紙専門のデザイナー（絵師）だ。作品は、注染業者との相談により制作することが多いが、デザイナーやそれ以外の一般のユーザーが自由に下絵を考える場合もある。

染めた後に切り離す手ぬぐいではなく、浴衣やシャツの場合は、型紙の長さ（約90～100㌢）で折り返して糊付けをするので、「上下・表裏が混在した柄」にする必要がある。

●型彫り

完成したデザイン（下絵）は、型彫り職人によって渋紙の上に貼られ、専用の彫刻刀で彫られるが、この模様が彫られて初めて型紙と呼ばれる。

●紗張り（しゃばり）

彫った型紙の部品がバラバラにならないように、「紗」という薄くて目の粗いメッシュ状の絹の生地と漆で固定する工程を「紗張り」という。

紗のない時代には「糸入れ」とか「吊り型」と呼ばれ、絹糸で型紙の部品をつなぎあわせていた。最近では、渋紙同様、絹の「紗」もポリエステルで織られたものが使われ始めている。

生地

●生機（きばた）

主に注染の素材となるのが木綿布。手ぬぐいは、三十番手の糸が主流の浴衣の生地（特岡など）よりも多少太目の二十番手の糸で粗い織り方のものを使用する場合が多いが、用途によってはいろいろな生地が使われる。いずれも染料の浸透が優れていることが必須でYシャツ地や帆布などには染められない。

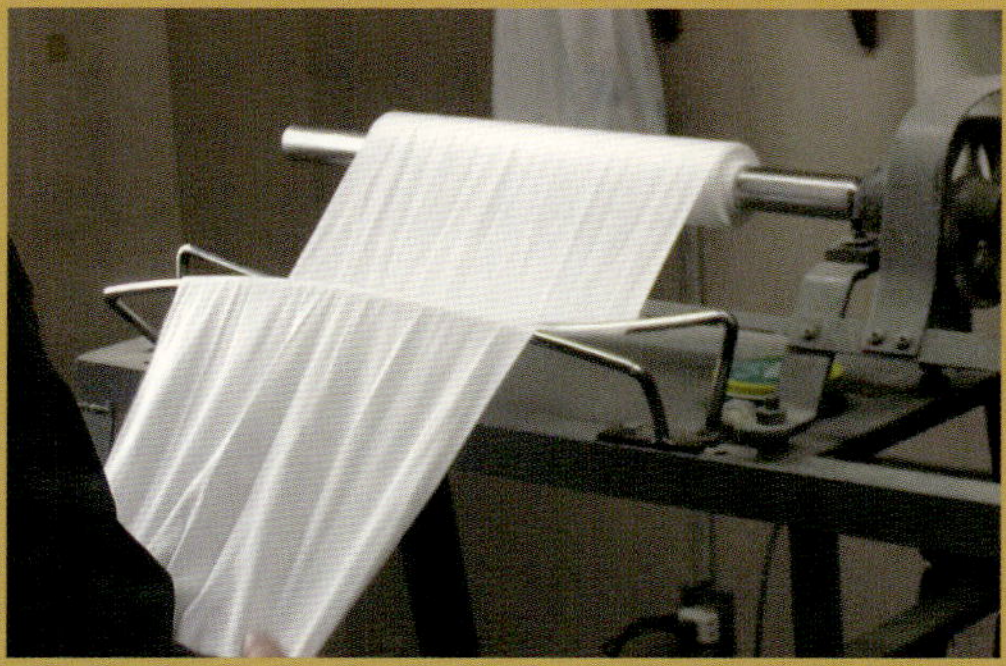

巻き取り機で生地を丸巻きにする

丸巻きした布を大きな束（タイコ）にして数日放置

型紙の紗張り

型紙を固定する木枠

●晒加工

木綿布は、織られたばかりのものは汚れや綿花の脂肪分、織る際に使ったサイジング糊などが付着している。染色の障害となるもので、これを取り除くことが必要となる。

通常は、糊抜き精錬と漂白を晒加工業者が行い、その生地を用いて染色をする。

●練地

晒加工業者の乾燥工程では、色々な乾燥方法があるが、いずれもタタミシワや布の伸縮や歪みの問題を抱えている。そこで白生地を水に漬けた後、脱水・自然乾燥させて安定させてから使う。これが練地と呼ぶ工程だ。

●乾燥

練地の過程のひとつだが、布は「ダテ」と呼ばれる6メートル以上の高さのやぐらに干す。

●生地巻

乾いた生地を巻き取る工程。巻き取り機(ずる巻き)を使って行うが、布目をまっすぐになるように整えながら、かつ、ごみや織りキズ、穴などを検査しながら巻いていくことで、布のしわが伸び、型付しやすい平らな布になる。

型付

●糊の調合

型付糊、防染糊と呼ばれるが、これには澱粉糊と海藻糊がある。澱粉糊はもち粉と小紋糠を混ぜて蒸した後によくつぶし、消石灰を加えた糊。海藻糊はフノリや銀杏草を粉にして水に溶かし、アルギン酸による粘性の強い液にベントナイトという粘土を入れて硬さを調整した糊だ。染める生地や染料によって、また柄の細かさなどで使い分ける。

ちなみに木綿染めに反応染料を使う場合は、反応染料（染料に助剤として無水芒硝や苛性ソーダなどを加えるもの）は澱粉質に反応するので、海藻糊を使用。最近では、比較的安価であることから、この海藻糊を選ぶことが多いそうだ。

●型付

「型置」、「糊付」、「板場」とも呼び、台の上に延ばした生地の上に専用へらで型紙の上から型付糊を付けていく工程。まず、型紙を水に漬けて柔らかくしなやかにし、木枠に「鋲」（ビョウ）という専用金具で貼り付ける。この木枠に固定された型紙が、型付台の上で糊の型付に使われるものである。

続いて、染色する布の汚れを防ぐために、すて布（下置き布、やれ布ともいう）を敷き、1度型付をした後、すて布を折り返し、再度型付。これでいよいよ本番に入る。

本番の布は巻いた反物状になっている。その芯の部分に棒を差し込み、布を転がすことで広げやすい状態にして作業開始だ。

木枠に合わせて布を広げ、上から型紙を当てて型付し、一旦型紙を上げて布を折り返し再び型付。これを繰り返し行う。右側で布を屏風に折り返して型付したら、次は左に屏風折りして型付する、という具合だ。

これで、布の間に必ず糊が挟まる状態となり、染めない部分はしっかりと防がれ、糊の

毎回同じ位置で型付できるように、型付台には釘等が打たれ、ずれないようにしている

型付

１色につき１つの注ぎ器に薬液をくみ取る

糊の調合

付かない部分は染料を注いだ際に、布を通過し、両面が染色されることとなる。生地や柄にもよるが、手ぬぐいの場合は1度の作業で20～40枚分の型付が行われる。最後は、すて布を上に敷き、最初と同様に2度型付をして終了となる。

そして、型付が終わった布は、型付台からはずして、おが屑を敷いた床の上に並べ、両面におが屑をかける。これは型付糊が作業道具や他の商品などに付かないための保護策である。

染色

●染料の調合

染めの場は「こうや」と呼ぶが、これは江戸時代の藍染業者の呼び名である「紺屋（こんや）」が語源。歴史ある染めにふさわしい名称だ。

染色の工程で最も重要なのが染料の色で、各工場では指定の色が出るよう、染料の調合を行う。用途によって助剤物質を加えるが、硫化染料、反応染料、ナフトール染料などが代表的に使われる染料だ。

●注染の手順

型付の終わった布を染台の中央にしわのないように平らに置く。染料を注いだ際にこぼれてくる可能性がある場合は、布の周りに堤防の役目を果たすL型金具を巡らす。

染料の注ぎは薬缶かじょうろで行う。1色ごとに注ぎ器に入れた染液を布の片方から反対方向へと順にゆっくりと丁寧に注いでいく。染液を両方からかけたり、順を追わずにかけたりすると、布に含まれた空気の逃げ場がなくなり、染めむらができてしまう。空気を外に逃がすように注ぐ気を張る作業は、まさに職人芸といえるものだ。

たっぷりと注いだ染液が自然に布に吸われたところで、布に完全に浸透するように、ダンゴと呼ぶ道具で押し付け、染台に付いたコンプレッサー（圧縮機）のペダルを踏み、バキューム（吸い取る）。さらに裏返して、同じ作業を繰り返す。

最後に、完全に吸引して染台から降ろし、すて布をはがした後、染料を酸化させるためにしばらくそのままの状態を保てば、染色作業は完了する。

●染めの種類

【白地一色染め】白場の面積の多い一色染めのものを「白地一色染め」という。

【地染まり一色染め】染まっている部分の面積の広いものを「地染まり」という。

【差し分け染め】1枚の型紙上で、2色以上の染料を同時に染め分ける。色付けする部分を囲むように糊で土手を作り、染料が混じり合わないようにするため、柄と柄の間にはある程度の間隔が必要となる。注染独特の技法である。

【ぼかし染め】色合いの境界線を

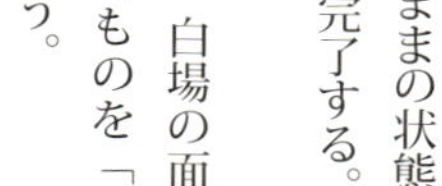

白地一色染め

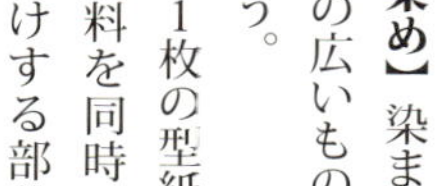

地染まり一色染め

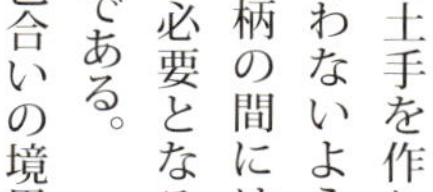

差し分け染め

水洗いの後脱水し、「ダテ」と呼ばれるやぐらに干して自然乾燥をする

差し分け染め
色付する部分を囲むように糊で土手を作る

染料は1色ごとに注ぎ器に入れ、少しずつ布に流し込む

ぼかして染める技法。1色ごとの糊の土手を作らず、異なった色の染料をうまく重ね合わせるもので、職人の腕がなければできない染め方だ。手加減によってぼかし具合が変わるため、同じ柄でも異なる染め上がりとなるのが魅力。

【細川染め】2枚以上の型を使って、数回の型付と染色を行う技法。何枚もの型を使うことにより、豊かな表現に仕上がるが、手間と高度な技術を要する。

細川染め

ぼかし染め

水洗い

「水元（みずもと）」とも呼ぶ、染め上がった布をきれいに洗い流す工程。糊や余分な染料を落とすための作業で、昔は川を利用していたが、今では水槽を使うところが多い。ただし水槽とはいっても、川に見立てて細長く、また流れるように設計されており、下流から上流に、汚れの多い布からきれいな布へと、順番に洗い分けできるような仕組みになっている。

乾燥

「立干し」、「伊達干し」とも呼ぶ。布は水洗いが終わると、脱水機にかけて水分を取った後、乾燥される。天気のいい日には、「ダテ」というやぐらに吊るして外干しするが、機械による乾燥もある。この場合は、金属の大きなローラーを熱し、その上に布を通過させながら乾かしていく。同時に傷物がないかどうかの点検作業も行われる。

仕上げ

乾燥が終わると、最終点検を兼ねながら巻き上げる。手ぬぐいは、ここまでは布が繋がった状態だが、それを寸法に合わせて畳み、加圧ローラーを通してしわを取り、艶出しをして仕上げる。最後に端を裁断すれば手ぬぐいの完成である。

注染のための道具・材料

注染独自の設備として必要なもの

●注染台

バキューム（吸引）できる染台。型付が終わった布を染色するための台で、台の全面は細かい隙間状になっている。注いだ染料は下から吸引するが、染料が布に浸透する際、すみやかに抜けるようにと、この構造が考案された。

注染台。下に減圧用のタンクがある

減圧は足元のペダルで操作する

L字状金具

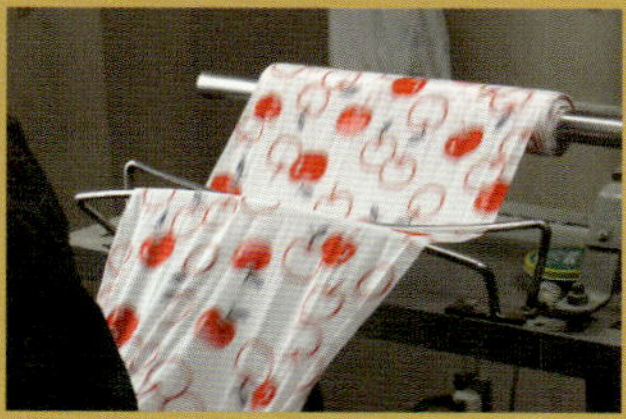

乾燥した布を丸巻きにする

ローラーを通して布のしわを取り艶出しする

巻いた布をほぐしながら手ぬぐいのサイズに畳む

●バキューム（吸引）のための減圧タンク

染台に繋がっており、減圧した後、空気を一気に入れることで、染料も吸引する金属タンク。圧の強さに応じて、タンクの壁は厚みと強度が必要となる。染台の下にあるペダルを足で操作し、吸引を調節する。

●コンプレッサー（減圧ポンプ）

タンク内の空気を抜き、中を減圧状態にさせるための機械で減圧ポンプを動かす。減圧状態を維持するためにタンクが併設されている。

●型紙を固定する木枠

型紙の寸法に合わせて、型付しやすいように、軽くて水に強い木材を用いる。型付する際に型紙を保護するため、左右の枠にはたくさんの釘が打たれており、テグスなどで糸が張れるようになっている。

●型付（型置、糊付）する台

木枠の寸法より一回り大きく作られた台である。

その他、独自の道具類

●薬缶、じょうろ

一色用の大きいものから、差し分け（多色）用の小さいものまで、用途に応じて各種が揃う。注染用に特注された薬缶は、染液が漏れず細かく注げるように、注ぎ口に工夫が凝らされている。

●へら

糊をまんべんなく伸ばすために使われる型付用のへらは、長さ40センチの大きさ。水に強く軽い木材で作られている。

●芯だけ

練地作業で巻かれた染める布（反物）の中心に入れる棒で、型付時の屏風折りをする際に便利な道具。昔は黒檀の棒だったが、現在ではエボナイトや塩ビの管などが使われている。

●つき棒

面積の小さい細かい柄の部分に染色する際に、注ぎ器から出す染液を布に導く役目をする、先が少し曲がった棒。染液を浸透しやすくするためにも有効だ。木製やエボナイト製などがある。

●L字状金属

染色の時、布に注いだ染液が、布の両側から流れ出さないように、布周りに立てて堤防の役目をする金属板。

●生ゴム、または厚手のビニール

染液をバキューム（吸引）する時に、吸引が布に集中するよう布周りに被せ、染台の周りを密閉させるために使用する。

布

●晒

注染の手ぬぐいに主に用いられる白生地。手ぬぐいや浴衣に使うものは、平らに織られていて、布目が詰まっていない、浸透性の高い木綿の反物布が中心。麻にも染まるが、繊維が硬く布の折り返しが難しいため、適して

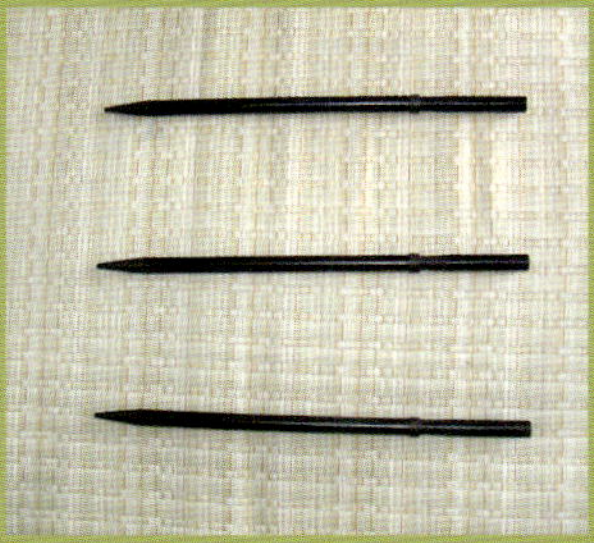

芯だけ

型付用のへら

つき棒

染料の注ぎ器。
薬缶、じょうろ

いない。

●すて布（すて生地、下置き布、やれ布）

染色する際に、一番外側の反物が染料で汚れるのを防ぐ目的で使う布。粗く織られた特殊な晒し木綿で、浸透性のいい布である。染色を成功させるためには不可欠なもので、色や染料別に分けて、繰り返し使用する。

型付糊

●澱粉糊

真糊とも呼ばれる。もち粉と小紋糠を混ぜて蒸した後に、よくつぶして消石灰を加えた糊で、もち粉40％、小紋糠60％の割合で作る。小紋糠は穀類の外皮や胚などを挽いて粉状にした糠で、最も細かい粉末。細かい柄の小紋にも使用することからこの名が付いたもの。

●海藻糊

海藻（主に昆布やワカメなどの褐藻類）に含まれるアルギン酸（海藻の細胞膜にある粘り気の強い酸性多糖類）を加熱し溶かした、粘性の強い水溶液にベントナイト（粘土）を加え、硬さを調整した糊。

染料と助剤

●硫化染料

木綿の染色に用いられる強アルカリ性染料。比較的安価で、堅牢度の高いのが特徴。助剤として、2～3％のソーダ灰、染料とほぼ同量の水硫化ソーダ、5～25％の無水芒硝を加えて染料を還元し、50～70度で染色する。その後、バキュームして空気酸化させた後、水洗いする。

●反応染料

木綿のほか、助剤を替えてウールの染色にも用いられる。木綿の場合の助剤は、無水芒硝と第三燐酸ソーダを各5～15g／ℓ（または38度ボーメの苛性ソーダ）を加え、60～70度で染色。その後、バキュームして、水洗いする。冷染と熱染の2つの染法がある染料で、冷染の場合は染色後に固着剤で処理。ただし、熱染の方が堅牢度が高いことから、注染はこの方法が用いられる。

●建染染料

バット染料とスレーン染料がある。バットは主に艶のある濃紺に使われ、その他の色にはスレーンが用いられる。木綿を染める染料の中では最高級とされるものだが、価格が高いことが問題点という。また、それぞれの染料によって助剤や温度が異なるため、染色の工程に手間がかかることも難点のひとつ。

●アゾイック染料

ナフトール染料とも呼ばれる。他の染料とは違って、まず下漬染液で染色しバキュームした後、続けて上漬（ソルト）で染色することで初めて発色する特異な染料。下漬染液と上漬染液の組合せにより、赤系、紺系の色が多彩な点が特徴である。特に赤系は堅牢度が高く、赤色を代表する染料といわれる。ただし、他の色は数も少なく、堅牢度も低くなるのが難点だ。

製織を待つ経糸ドラム（1巻約160反分ある）

専用機で650本の経糸を結ぶ

手ぬぐいの生地が出来るまで

手ぬぐいの生地は、「小巾綿織物」と言われるジャンルに属する。綿織物は、「綿花」→（紡績）→「綿糸」→（機織）→「綿布」という段階で作られる。

手ぬぐいや浴衣に使われる、20番手から40番手の綿糸は、そのほとんどがパキスタンや中国で作られ、国内の紡績会社はかなり以前より細手の高級糸しか紡がない。

小巾の機織も今では、泉州（堺近辺）と知多半田近辺と浜松の一部でしか行われていない。

綿糸は、まず「製経（サイジング）」という工程で経糸（たていと）に糊付けをし、ビーム・ドラムなどに巻き取る。これは、織機の動きで生じる大きな摩擦や引っ張りに耐えるように、経糸の強度を上げ、摩擦を減らすために行う。糊付けは古くには澱粉糊が使われたが、現在ではPVA（ポリビニルアルコール）という合成糊が主に使われる。

製経工程の最後で経糸はアルミ製のドラムに巻き取られる。このドラムが、製経工場から織布工場（機屋：はたや）に持ち込まれ、機織りが始まる。

ドラムに巻かれた経糸（たていと）は総理（または文）で経650から700本くらいの本数であるが、それを織機にセットするときには、すでに織機にかかっている経糸の最後と、これからかける糸の全てを結ぶという作業が必要である。

現在では、専用機で行われているこの作業も、かつては全て手で行っていたというから大変な労力であったことは容易に想像できる。

緯糸《よこいと》は、シャトルに載せられる太さに
小分けして巻き取られる

緯糸がなくなると織機は
自動的に停まり、緯糸が
巻かれた新たなシャトル
に取り替える

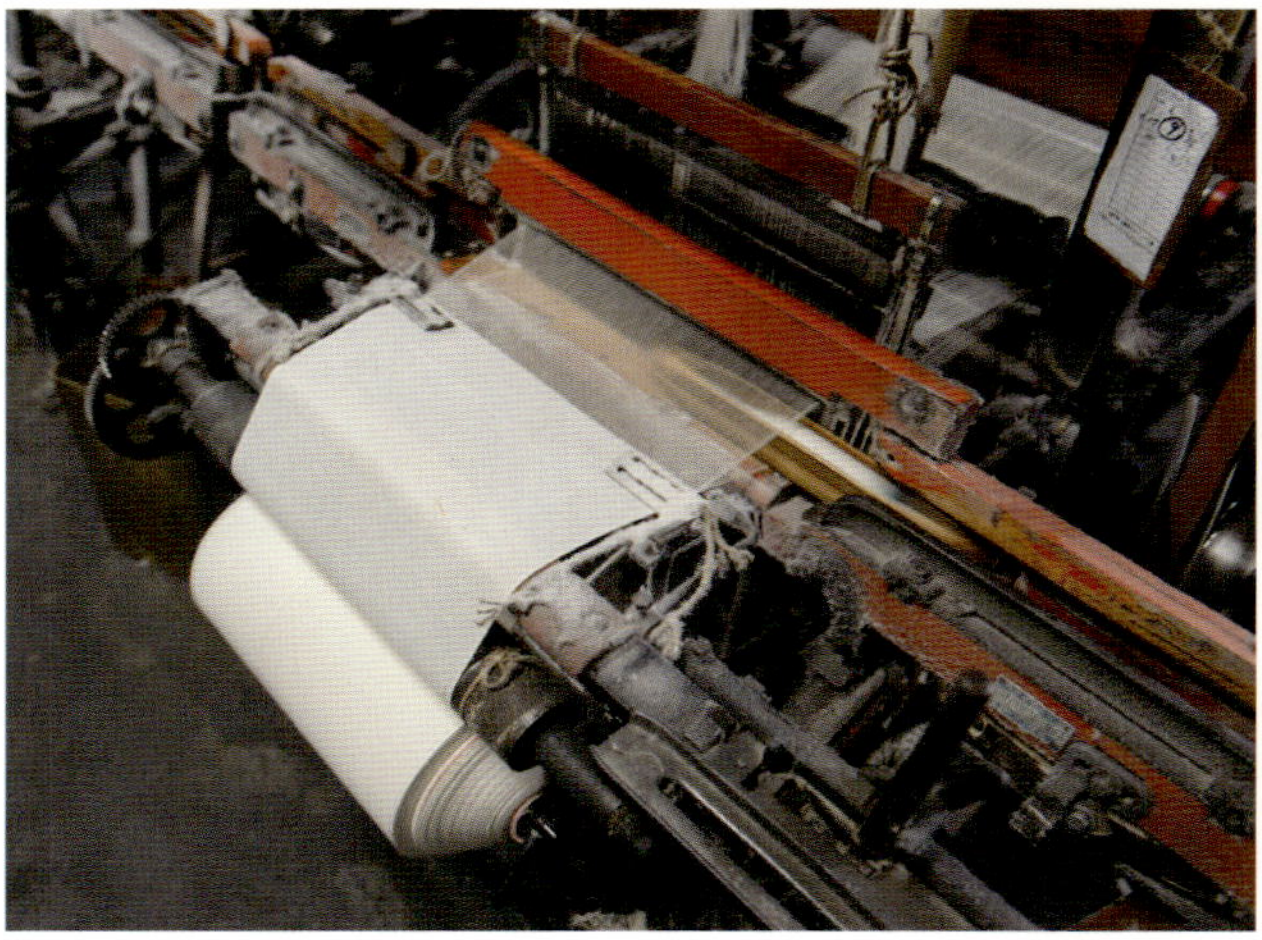

シャトルに載せられた緯
糸が、交差する経糸の間
を、往復し、織物となる

織り上がった生地（生機:きばた）は、汚れやキズがないか検査しながら畳まれる。
その後、晒工場に向かう

晒工場では、生機は畳まれたまま、バスケットに縦置きされ、ステンレスの漂白槽装置に入れられる。酵素や過酸化水素、苛性ソーダや界面活性剤を用い、糊抜き・精錬・漂白される。
この工程を経ると、綿花にもともと含まれる天然油脂分、紡績中に混入した不純物、製経（サイジング）で使われた糊などが除去され、吸水性が高まり、ようやく染色する下地が整うのである

漂白後の生地は、脱水・乾燥される。写真のような、シリンダー乾燥機（蒸気加熱接触式）の他に畳んだまま乾かす竿干し乾燥がある。シリンダー乾燥機では、生地に多少の張力が加わり伸びる傾向がある

乾燥後の晒生地は、折畳み機（ホルダー）で畳まれる

畳まれた晒生地は、注染用の場合、1疋（2反）の長さ〈総理（文）で約20m、特岡で約25m〉にカットされる。
その後、紐で束ねられ、防水紙で包装され、染工場に出荷される

取材協力：西川織布㈱、㈱武田晒工場

1200年もの昔からあった型紙と型染めの歴史

型紙が使われる以前には「木型」を使った木板染めで行われていた。木の板に型を彫り、染料をつけて生地染めを行った

日本で型紙が使われた始まりは定かではないが、延暦年間（782〜806）に型彫り職人がいたとの記載が伊勢にあり、平安末期の鎧で型紙を使って革に模様を施したものが残っている。革の上に型紙を置き、圧力をかけて革と平面になるまで埋め込み、刷毛で彩色したそうだ。布ではそうはいかないが、布の型染めと考え方は同じだ。

実際、それから遠くない鎌倉時代に描かれた春日権現験記という絵巻物には、同じ文様をいくつも染めた着物を着ている人が見られ、型染めではないかと思われる。やがて防染の糊を使った型染めが広く普及するようになり、桃山時代には何枚もの型紙を使用する多色刷りが行われるほどに発達した。

型紙は東京や京都など各地の染業地で作られているが、最も伝統的な生産地域は伊勢(三重県）で、伊勢型紙として名を知られている。千年以上の歴史があると言われ、鈴鹿市南部の寺家（じけ）、白子（しろこ）の周辺がその産地。とくに型紙の材料となる渋紙は、ほかで作られるほとんどの型紙に使われているほどだ。白子には型紙の資料などを展示する伊勢型紙資料館があり、寺家には伝統工芸の鈴鹿墨と伊勢型紙を展示する鈴鹿市伝統産業会館がある。

伊勢型紙と型染めの技法は江戸時代に入ってからさらに発達する。一つは紀州藩が産業奨励の目的で型紙生産業者を保護したからだ。当時、鈴鹿は紀州藩の領地であった。そして行商人が紀州藩の公認のもと、全国へと型紙を販売していったのである。

またそれには幕府の政策もあった。型紙の制作・販売許可を白子と寺家地域だけに限定し、他の地域で勝手にデザインできないよう、すべての図案を統制していたのだ。

もう一つは世の中が安定し、武士も庶民も身の回りに気を配る余裕ができたことがある。武士は礼服に大きな紋章の大紋（だいもん）型染めを着るほか、かみしもに小さな文様を施した小紋（こもん）型染めを着用した。大紋、小紋は武士の着用する型染めであったため、庶民はその間の大きさの文様の型染めを身に着けておしゃれを楽しんだのだ。それ

紗張りが普及する前には、吊り型という絹糸で縫われた型が使われた（糸入れとも言う）

を中型（ちゅうがた）と呼んだ。小紋は次第に細かな文様のものも現れるようになり、中型も複雑な文様が粋だと好まれて、型紙はどんどんと細工が緻密になり、デザインと彫る技術のどちらも向上していった。型紙を使って染める職人にも技術向上が求められ、基本的な図柄を刷るだけの型置職人も生まれたほどである。型紙は江戸時代中期から後期にかけて、技法の頂点を見たと言えるのだ。

明治以後は生活の洋風化もあって着物の文様、型紙の技法が進化することは少なかったが、その中でもっぱら手描きであった友禅の彩色豊かな絵模様を、型染めで作り上げる技法が開発された。型紙を20枚、30枚といった数に彫り分ける複雑なものだが、それによって友禅の大衆化が進んだ。着物離れなどからいま型紙の需要は減っているが、伊勢型紙は昭和30年（1955）、重要無形文化財に指定され、保護されている。

綿密な手仕事の熟練した技を駆使

型紙は和紙に柿渋を塗った「渋紙」（「型地紙」または「地紙」とも呼ぶ）で作られる。柿渋とは渋柿の実から抽出する液体で、岐阜県美濃地方、福島県会津地方などで生産されるが、渋紙には岐阜の美濃渋がよいと言われている。また和紙も手すきの美濃紙、埼玉県小川町の細川紙、宮城県白石市の白石紙などが挙げられるので、美濃には柿渋、和紙とも良質のものがあることになる。この地方は渋柿の名産地なのだろう。干し柿の最高級品である「蜂谷柿」も美濃で採れる柿である。

かなり酷使されるのが型紙であるから、素材の渋紙は丈夫なものでなくてはならない。水に漬けても縮んだり伸びたりせず、破けてもいけない。そのため素材の手すき和紙を、柿渋を塗りながら何枚か貼り合わせる。手すき和紙には繊維の方向があるので、それを縦横と交互に重ねて貼る。そうすることで縦横の伸び縮みがなくなるのだ。貼り合わせる和紙は3～5枚ほど。

こうして渋加工した和紙を天日干し。それを「生紙」と言い、さらに室（むろ）の中でおがくずを焚いて燻蒸。ようやく丈夫で、しかも濡らすと柔らかくなって布に密着する渋紙が出来上がるのだ。こうした本渋紙に変わって、今では新素材ができているが、昔ながらの製法でできた渋紙には、捨てがたい使い勝手があるだろう。

次いで下絵描きがある。薄い美濃紙のような和紙に、鉛筆で描く。図案は昔からの文様、幾何学的なもの、写生による具体的な図柄などいろいろだ。下絵を描いた和紙を渋紙に貼り、いよいよ型彫りとなる。

型彫りは、1枚の渋紙を彫ることもあるが、数枚を重ねて同じ図柄の型紙を同時に彫ることもある。

通常は、小刀で下絵に沿って切り彫っていくが、丸点や、花びらなど細かい文様を彫るための特殊な刃も幾つかある。

柄により、紗張りや糸吊りが不要な型もあった

通常、使われる小刀

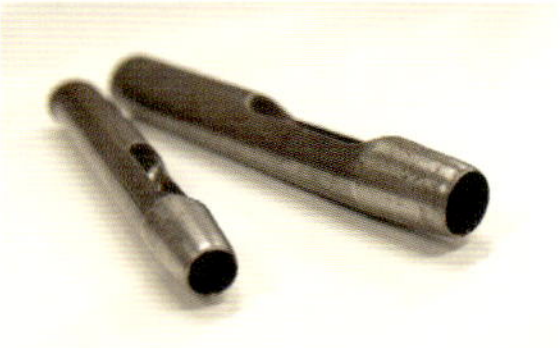

●**丸彫り（大）**：型紙の上に当て、ハンマーで叩く。

●**丸彫り（中・小）**：丸刃を型紙に押し当て回しながら切る

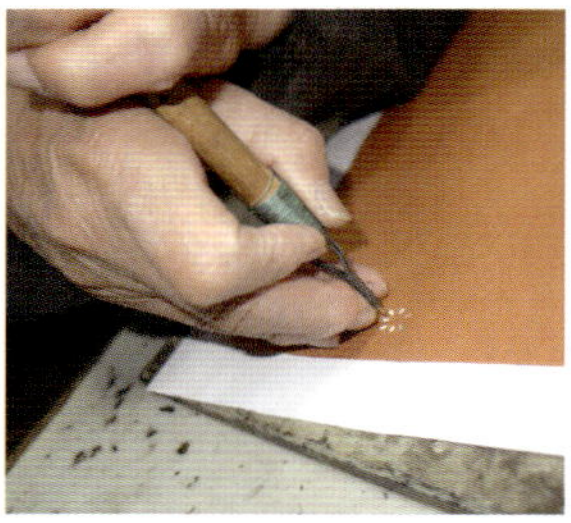

●**花びら（道具彫り）**

●**その他の特殊な刃**

（正方形刃）

（突彫り刃）
数枚重ねて直線を突彫りする場合に使うが、最近はあまり使われない

彫る際に本体と切り離されてしまう文字や図柄を、本体に保持するための手法が「糸入れ」（吊り型）や紗張りである。当初は絹糸で縫っていたが、紗という目の粗いメッシュ状の絹布を張る紗張りが主流となっていった。紗張りは型紙全体に紗を張り付ける（ナイロンなどのものもある）。繊細な型紙は、驚くほど手のかかったものである。

さまざまな型染め

型紙を使って染色するのが型染め。その代表的な染色が小紋、中型、型友禅、紅型などだ。

小紋は武士のかみしもの文様として発達した。江戸には多くの武士が集まったため、武士たちは自藩の特徴を出そうと柄や色を藩ごとにそろえ、かみしもを見ればどこの藩か分かるほどだった。幕府徳川は松葉模様を使い、紀州藩は鮫、加賀前田藩は菊菱といった具合だ。そして藩ごとに競った粋な文様は、しだ

標準的な紗張り型。茶色い渋紙は、紗張りの際に漆が塗られ黒くなる

いに庶民のおしゃれへと広がっていったのである。だがそれは幕府の目にとまるところとなり、江戸時代に何度も「贅沢禁止令」が出されている。そこで文様は一層細かくなり、遠目には無地にしか見えない小紋柄が生まれるようになったのだ。近づいて初めてその良さが分かるという「隠された価値」が小紋のおしゃれにもなった。規制をかいくぐった庶民の知恵がうかがわれる。

　こうしてますます細かくなった文様に、型紙の型彫りも高技術を要求されるようになった。1センチ四方に100個もの穴を彫ったものもある。このように発達した江戸の小紋だが、明治以降に小さな柄のものを総じて小紋と呼ぶような習慣ができてしまった。そのため伝統的な江戸の小紋は、とくに「江戸小紋」と呼ぶようになったのだ。色は、ねず、藍、深緑など単調な色彩が特徴。彩色されたものには京小紋がある。

　武士の小紋はもともと三寸七分（約11センチ）以内の型紙を使ったが、それより大きな型紙で型染めしたのが中型である。染め方は藍に浸す浸染だったので、あらかじめ約6メートルもの長い板の両面に布地を張り、型紙で防染糊を置いた。そのため、長板染めともいわれる。手ぬぐいやゆかたに多く使われる染め技法「注染」は長板染めを原型に開発された。

最近では耐久性のある合成紙（黄色）も使われるが、一長一短である

　型友禅は化学染料が明治初期に登場してから生み出された技法だ。染料と防染用の糊を混ぜ合わせて色糊を作り、型紙に合わせて布地に色糊を置いていく。友禅染めは色数がきわめて多い。1色に1枚の型紙を使用するので、数十枚、絵柄によっては100枚以上の型紙を使うこともある。型紙を使うことで手描き友禅よりも簡単に思われそうだが、型紙の使用数を考えれば職人の根気と熟練した技術が要求されることが分かる。色糊を置いた布地は、蒸して色止めをした後、糊を洗い落として仕上げる。

　琉球で生まれた紅型（びんがた）も、型友禅のように色数が多く、型染めの手法がある。その起源は13世紀にさかのぼるとされ、「紅」は色の総称で「型」が文様のことだともいわれる。染め方は型紙を使う方法と円錐型の筒に入れた糊で模様を描く筒描きがある。ただし型紙を使っても色を差すのではなく、型紙で防染糊を置くのが型友禅との違いだ。そのあとで各色を刷毛で差していく。だから型友禅のように色ごとの型紙は必要としない。また赤が主体だが、友禅ほどの多彩な色は使われていない。同じように華やかな色柄でも、ところ変われば品変わるのである。

　このほか型染めには外来物の更紗にもその手法がある。

インタビュー

生涯、到達しない“満点”の型紙を追いかけて

松井形紙店・松井正吉《まさよし》さん

——松井さんが型紙の仕事を始められて、もう何年になりますか？

松井　かれこれ50年以上になりますね。祖父は「伊勢型紙」の本場、白子地区（和歌山県鈴鹿市）の出身。江戸時代、伊勢型紙は紀州藩の管理下にあって図柄の流出を防ぐために、型紙職人は藩外に出ることを禁じられたそうです。明治になって上京し、父、私と家業を継いだわけです。

　職人の世界では「技術は教わるものではなく盗むもの」と言いますが、私も父から何かを教わった記憶はありません。作業部屋に父特製の作業台2つを並べ、父の横で簡単な図柄から切らされましたね。完成品を見た父は気になるところを修正して納品します。上手に修正できるかどうかが職人の腕。今考えると、父は無言でそれを実践して見せていたのかも知れませんね。

——型紙職人ならではの道具があると思いますが、手入れなども習いませんでしたか？

松井　習いませんでしたね。型紙は基本的に日本刀を小型化した小刀1本で、丸でも四角でも何でも切ります。ただし、細かな細工用に刃先を尖らせたり、線を引くように頑丈(太め)にしたりと研ぎ分けはしますよ。小刀が折れると2種類の砥石を使って自分で研ぐのですが、これが難しかったですね。

　豆絞りに使う丸型、菊の花びら型など、型紙を抜く道具は伊勢の白子地区から購入していました。道具作りの職人が廃業されたので今の道具を大切に使用しています。

——型紙の作業で大変なところはどのあたりでしょうか？

松井　寸法取りと段取りかな。最初に渋紙に仕上がりの四隅を決めますが、図柄によって変わってきます。段取りはいかに効率よく作業できるかです。重ね彫りと言って同じ絵柄がある場合は、渋紙を何枚も重ねて切ります。1度の手間で複数の型ができるので作業時間が短縮でき、その分丁寧な仕事ができます。

　最も重要なことは原画のイメージを崩さずに、きれいに染め上がる型紙へ変換することです。本染めの場合、防染糊を乗せる関係で線の太さは最低2ミリは必要です。近年、デザイナーが細かい凝った図柄で持ち込むので、苦労していますよ。職人ですから、明らかに無理な図柄は別として、「出来ない」とは言えません。

——1枚の型紙を作るのに、どのくらい時間はかかりますか？

松井　簡単な図柄ならば2時間ほど、難しい図柄は2日ですね。手ぬぐいのほか、半纏、浴衣の型紙もやっているため、春から秋は大忙し。1日10時間以上も作業台に向かう日もありますよ。30代の頃は肩や腰が痛くなりましたが、今はそれもありません。無駄な力を入れずに作業できるようになったのでしょう。

——最後に松井さんの最高傑作は？

松井　それはないです。どの作品を観ても手直ししたい部分が見つかります。生涯、満点の作品はないと思いますし、だからこそ50年以上も続いたのではないでしょうか。

デザインの変遷を知ろう

―日本人の生活を豊かにした名作の数々―

①小紋

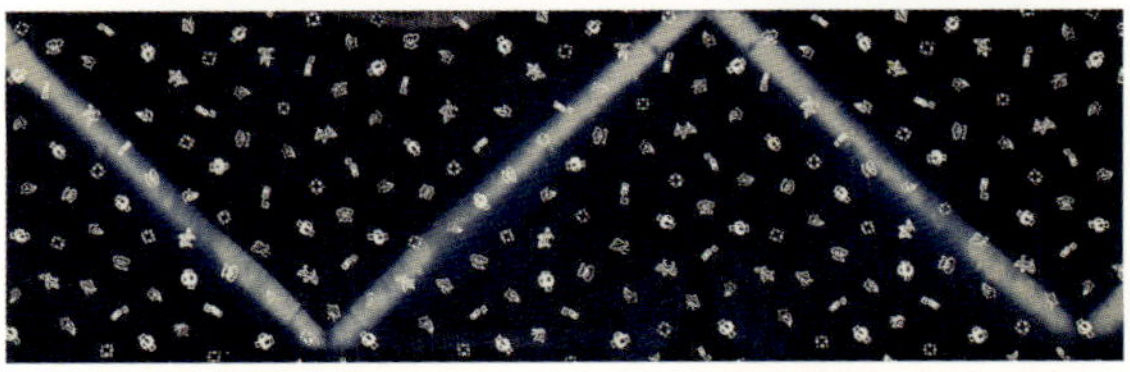

②長板

③更紗（刷り込み）

中国文化の模倣ではない 日本独自の図柄が誕生

手ぬぐいは使い勝手の良さに加えて、見る者を楽しませるデザインも魅力である。ここではデザインの変遷を追ってみよう。

手ぬぐいを染色技法でみると、明治以前の友禅手ぬぐいと、明治以降の注染手ぬぐいに大別できる。友禅手ぬぐいの染色技法には、次のようなものがある。

①小紋

主に着物。室町時代後期に武家が家紋などを着物に用いた。30センチほどの小紋型（型紙）をずらしながら刷毛で糊付けし、染料を混ぜた写糊を生地全体に塗る。その後、蒸して色を定着させ、水洗いする。

②長板

長さ6・5メートルほどの一枚板に晒を張り、墨を混ぜた豆汁を刷毛で刷り込んだ後、乾燥させて藍甕に浸す。薄い色から濃い色へと順番を踏み、日光に晒して発色させてから水洗いする。

③更紗（刷り込み）

インドから伝わり、17世紀の終わりに京都、大阪、長崎、佐賀などで盛んに作られた。国産の更紗は「和更紗」とも呼ばれる。伸ばした晒に型紙を当て、刷毛で色を載せていく。江戸更紗は型紙の枚数の多さが特徴であり、着物の場合は30枚以上を超える。それらを寸分の狂いもなく重ねるのは職人の技だ。

④引き染め

型付した晒の両端を木で挟み、紐で引っ張って宙に浮かす。さらに伸子と呼ばれる木を一定の間隔で噛ませて、晒の表面を張った後に、染料を刷毛で塗る。

⑤手描き

文字や図柄を筆、刷毛などで手描きする。手描きならではの風合いと、二つとして同じものがないことが特徴で高級品。

⑥絞り

晒の一部を縛り、藍甕に浸す。縛った部分

④引き染め

文久2年（1862）壬戌の手ぬぐい。柄の中に「みずの𛀁」「いぬ」という文字が隠されている

⑤手描き

⑥絞り

⑦鴨鞭蔭（かものともかげ）

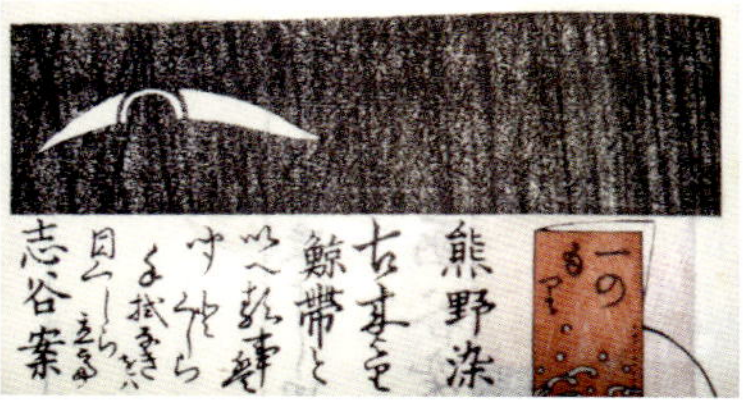

⑧熊野染　志谷

には染料が浸みないので白くなる。縛り方を工夫すると、さまざまな模様となる。染色技法としては古く奈良時代には存在した。

このような友禅手ぬぐいは、手間暇を要するため非常に高価で、もっぱら武家や豪商、歌舞伎役者、客商売の女性などが手にし、庶民は無地の手ぬぐいを使ったと考えられる。また、江戸中期の手ぬぐいは長さに決まりはなかった。木綿反物を背負い、客の注文に応じて小刀で生地を切り販売する「きれ屋」と呼ばれる行商人もいた。

図柄を見ると、江戸中期までは中国や韓国の風景などを描いた雅やかなものが多いが、次第に歌舞伎や浮世絵の影響を受け、日本オリジナルの図柄が爆発的に生まれる。なかでも、天明４年（１７８４）に山東京伝らが催した「たなくひあはせ」の手ぬぐいは、江戸時代の傑作選といえそうだ。

最も有名なのは、京伝が出品した「鴨鞭蔭《かものともかげ》」（⑦）。暖簾の間からちょんまげを結った男子がこちらを覗き込んでいる。ユーモラスな絵柄に誰もが微笑んでしまう。また、「熊野染志谷」（⑧）は地を真っ黒に染め、左側に大きな目だけを描いてクジラを表現している。現在でも充分に通用する洒落たデザインだ。

手ぬぐい文化と切り離せない歌舞伎役者の手ぬぐいは、家紋や名前にちなんだ模様（判じ絵）を配した粋で趣向を凝らしたものが多い。質素倹約を美徳とした徳川幕府も、歌舞伎役者が贔屓筋に配る手ぬぐいや扇子はお目こぼしにしたというこぼれ話もある。

豊田コレクション（P89参照）には、幕末の手ぬぐい6点が納められている。大相撲の冨士親方が安政3年（１８５６）11月場所で配布した手ぬぐいは、行司・木村庄之助の名前と軍配の絵、大関の鏡岩、石見潟など14名の力士名を染めたシンプルなデザイン。蕗の葉が一枚大きく染め出されたものは、蘇芳《すおう》で引き染めした上に型紙を置き、刷毛で模様を染めている（⑨）。蕗の葉はよく伸びることから、麻の葉と同じく子どもの誕生時に作られたと考えられる。

これらの手ぬぐいには図柄の裏側が白地のものも多い。長板本染めの場合は、晒の裏側に型紙を反転させて寸分の狂いもなく重ねなくてはならない。その分、高価になるため、よほどのことがなければ作らなかったと思われる。

注染技法の開発で生地全面の図柄が可能に

明治後期に注染技法が登場し、大正・昭和に発展すると庶民の間にも染色した手ぬぐいが出回る。注染技法は防染糊を使用するため、友禅手ぬぐいや長板染めに比べ細かな図柄を苦手とするが、その一方で布地全面を使ったダイナミックな構図が可能になった。また、木綿問屋が染工場、型紙職人、図案師などと提携して商品を作り、百貨店や小売店を通じて販売する流通形態もこの頃に整う。

昭和初期になると、鑑賞向けの趣味手ぬぐ

⑪五月　葵祭り　（京都 12 カ月シリーズのひとつ）

⑨蕗に登り猿（ふきにのぼりさる）

⑫人生劇場

⑩劇画手ぬぐいの代表作「暫」松田青風画（松山手拭店製）

⑭

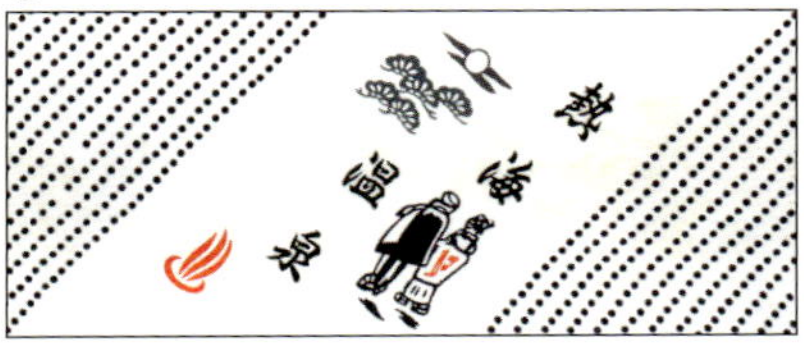

熱海温泉

蔵王温泉

山小屋の手ぬぐいも数多く見られる（槍平小屋）

⑬

下田温泉

伊豆の踊子

いも次々に現れ、全国で「手ぬぐい頒布会」が開催される。著名な頒布会をいくつかあげるとまずは「美《み》蘇《そ》芽《め》会《かい》」（P23参照）。大正から昭和初期に東京・日本橋の松山手拭店が開いた頒布会であり、昭和8～9年に発表した「劇画手ぬぐい」シリーズで知られる（⑩）。歌舞伎などの鬘を描き続けた日本画家・松田青風が原画を担当した12枚のシリーズで、「勧進帳」「暫」「助六」「土蜘蛛」「道成寺」など歌舞伎の人気演目を題材に、その世界観を斬新な切り口で表現している。

京都では綿や麻の織物を扱う太物商永楽屋（細辻伊兵衛商店）が、昭和5～10年に開いた「百いろ会」がある。毎年、永楽屋の高橋重治郎、久保伝三郎、浮田光治が苦心しながら百種類の色柄の手ぬぐいを発表した。その中でも最高傑作に位置づけられるのが「京都12カ月」シリーズ。「一月　建仁寺十日戎」、「五月　葵祭り」（⑪）、「七月　祇園祭」という具合に、京都の年中行事を題材にした。日本画家・中島荘陽が下図を描き、京風のしっとりとした色合いに染めてある。まるで美しい絵画を見たような感想を抱く。完成品には郷土史家・田中緑紅の解説が添えられた。

芸術院会員の井上正夫が昭和10年前後に製作した「舞踊手ぬぐい」は、舞台の案内として贔屓筋に配ったもので、舞台の様子と題名、簡単なセリフを自ら描いたもので、素朴ながら味わいがある（⑫）。

観光地用の土産手ぬぐいも多く作られた。京都の「舞妓手拭」もその一つだ。風景と舞妓を組み合わせた図柄で、昭和7年にさくら井屋が発表した「京都十景」は歌謡曲「祇園小唄」の後押しもあり大ヒットした。これを模して、全国の観光地でも、背景を地元の名所に替えた手ぬぐいが作られた（⑬）。

また、旅行者を受ける旅館やホテルでも趣

⑯戦争手ぬぐい「七生報国」

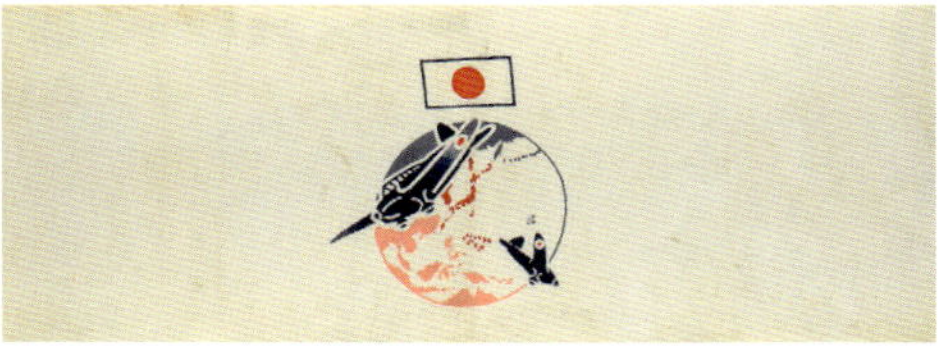
⑮戦争手ぬぐい「日の丸、地球儀に飛行機」

⑰三越

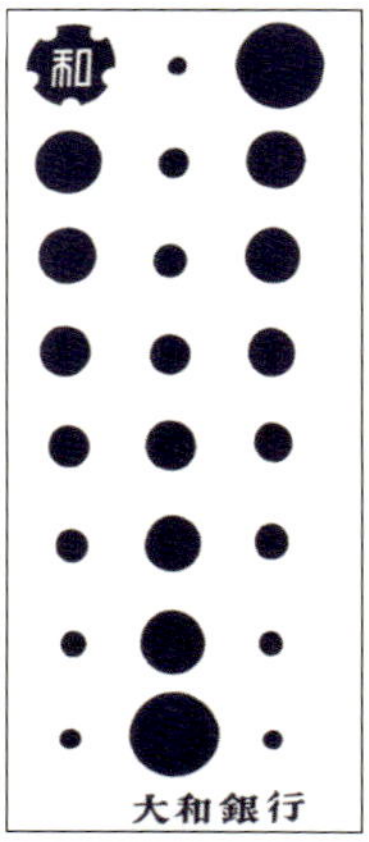

⑱大和銀行

⑲煙突掃除職人の手ぬぐい

向を凝らした手ぬぐいを作り、精算時にプレゼントした(⑭)。入浴の際などにお客が使うのは自分が家から持ってきた手ぬぐいで、宿から新しく差し上げた手ぬぐいは「これを持ってまた来てくださいね」という意味が込められていた。

昭和12年頃からは手ぬぐいのデザインも戦時色が濃くなる。さまざまな軍国色の濃いデザインの「戦争手ぬぐい」が作られた。「日の丸、地球儀に飛行機」(⑮)に赤色で示されている領土は千島列島、樺太、朝鮮半島、台湾、南洋諸島にまで広がっている。「七度生き返って国に報いよ」という意味の「七生報国」(⑯)は、「忠君愛国」「滅私奉公」とともに教育に取り入れられた。

デザインだけではなく、生地も時代とともに粗悪になっていく。戦争末期には、木綿はほとんど使われず、落綿を紡いだ、太綿、人工絹糸のスフ（ステーバル・ファイバー）が代用された。

戦後から昭和30年代　企業手ぬぐいが全盛に

昭和20年に日本が敗戦し、戦後しばらくは闇市での取引で綿布は極めて貴重なものであった。昭和26年になると木綿統制が解除され、朝鮮戦争により特需景気の影響もあり、手ぬぐい・ゆかたの注染も復活、昭和30年代に全盛期を迎えることとなる。

経済も高度成長期を迎え、企業や個人店主が宣伝媒体として利用する「挨拶手ぬぐい」が大いに流行した。手ぬぐいが庶民の生活に密着していたことと、当時はカラー印刷が高く、ポスターよりも手ぬぐいの方が低予算で作れたという時代背景もそこにはあった。

この時期好まれた図柄としては、吉祥模様の卍を図案化した紗綾形や唐草などの連続模様で、「いつまでも商売が発展するように」と縁起を担いだ。一方、忌み嫌われた図柄もあり、花柳界では花がもげるように落ちる「椿」やすぐに卵（子ども）を産む蝶などは敬遠された。

企業の挨拶手ぬぐいには、絵と文字を組み合わせて読ます、判じ絵がよく使われた。「三越」(⑰)の場合には富士山に霞のようにかかる「三本、五本、四本の線」で、みつ（3）こ（5）し（4）と読ませ、富士山には「日本一」、紗綾形には「いつまでも続くように」という願いが込められている。「大和銀行」(⑱)は「輪の連続」柄で、これも商売が益々繁盛して欲しいという願いを表現したものだ。

市井の挨拶手ぬぐいにも傑作が多い。煙突掃除職人の手ぬぐい(⑲)は、ねじり鉢巻をした墨色のダルマと将棋のデザイン。ダルマは職人本人のことで、真っ黒になって頑張っていること、将棋盤とコマは職人気質を意味している。

⑳清長原画「美南見十二候」（いざよい会）

鳥居清信原画「うしろ面」（いざよい会）

㉑東海道五十三次　京都

昭和40年代に入ると、挨拶手ぬぐいもタオルへ、企業広告もラジオやテレビ、カラーポスターなどが主流となり、このようなユニークな「挨拶手ぬぐい」は姿を消していった。

手ぬぐいの名作シリーズもの手ぬぐい

注染の全盛期には多くのゆかた染め職人が、その技を競っていた。浮世絵などを題材にした、手の込んだ逸品が多く作られたのもこの時期である。

昭和30年代に名古屋栄町の木綿問屋丸栄が頒布した「いざよい会」シリーズ⑳は、注染に両面型染めを組み合わせた独自の技法で浮世絵の原画に迫る意気込みが伝わる名作だ。

昭和40年代には、手ぬぐい店「まるはん」が「舞踊十二ヶ月」を製作している。江戸時代の浮世絵師・鳥居清忠の原画を長板染めにしたものだが、作業工程が複雑すぎ、高額のため、あまり売れなかった。

昭和50年代に東京の丸政が頒布した「東海道五十三次シリーズ」は、歌川（安藤）広重の浮世絵を原画とし、五十三次に日本橋と京都（㉑）の2枚を足した55枚のセットになっている。

平成の手ぬぐいは自由闊達に美しく

昭和40年代以降、手ぬぐいの低迷期が続いていたが、平成に入り再び手ぬぐいが注目を集め始めた。さまざまな手ぬぐい販売店や、若手デザイナーの増加にともない、新しいデザインの手ぬぐいが多く作られるようになった。その多くが「テキスタイルの一つ」という感覚で、さまざまな生活シーンを想定してデザインされ、ファッション性が豊かでお洒落なものが多い。タペストリーのように飾ったり、テーブルクロスの代わりにしたり、プレゼントを包むラッピングなどに利用されている。

かつての判じ絵のような楽しみ方は少なく、またクレームリスクの高い「細川染め」もあまり取り扱われない傾向だ。

Column

雛形本について

明治後期になり注染手ぬぐいが普及していくと同時に、別注（誂え）品の注文を取るために、さまざまな「雛形本」が発行された。木版または多色刷り印刷で作られており、手ぬぐいのデザインを簡単に見比べることができる。

主に問屋や呉服屋などの注文を取る人が使い、雛形本の多くは出版社が発行したものだが、問屋などが自ら発行する場合もあった。

明治・大正・昭和とさまざまな雛形本が発行されたが、その間、基本的な構成や柄行に大きな変化は見られない。おそらく、注染の技術も使われるモチーフも、明治から昭和にかけてそれほど変化がなかったためだろう。

手ぬぐいを注文する際には、これらの雛形本のデザインを参考にして、モチーフを変えたり、社名や個人名を入れて、オリジナルの手ぬぐいを作るのが一般的だった。手ぬぐいの最盛期には実に多くの雛形本があったが、昭和40年代になると急速にその姿を消していく。

東京オリンピック以降、カラー印刷が普及して手ぬぐい自体が低迷期に入ったせいもあるが、ファッションデザイナーの活躍などデザインの世界にも新たな流れが生まれ、既存のものからの脱皮が急速に進められたという背景もある。

やがて、雛形本に変わり、さまざまな手ぬぐいのカタログがカラー印刷で発行されるようになった。

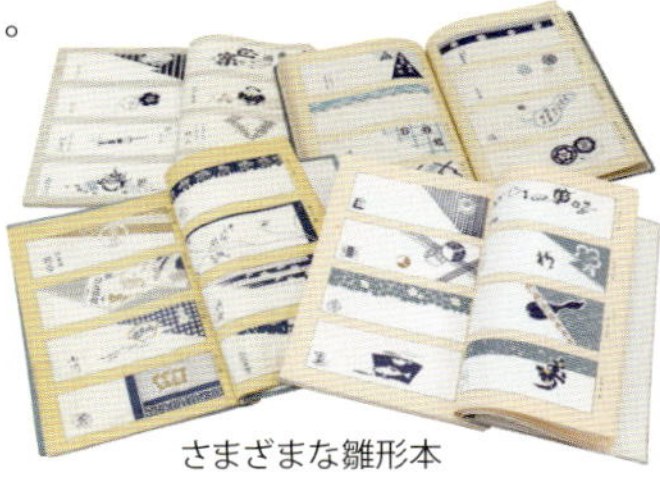

さまざまな雛形本

手ぬぐい用語あれこれ

江戸時代から育まれた「染色手ぬぐい」には、図柄や色の特徴を示す、さまざまな用語が生まれた。昭和 40 年代まで、それらは庶民の共通認識であり、手ぬぐいを発注する場合は、その用語を使い、希望する柄や色の組み合わせを口頭で伝えるだけで、イメージどおりの手ぬぐいが出来てきたそうだ。どんな用語があるか列記してみよう。

〈色・染め〉

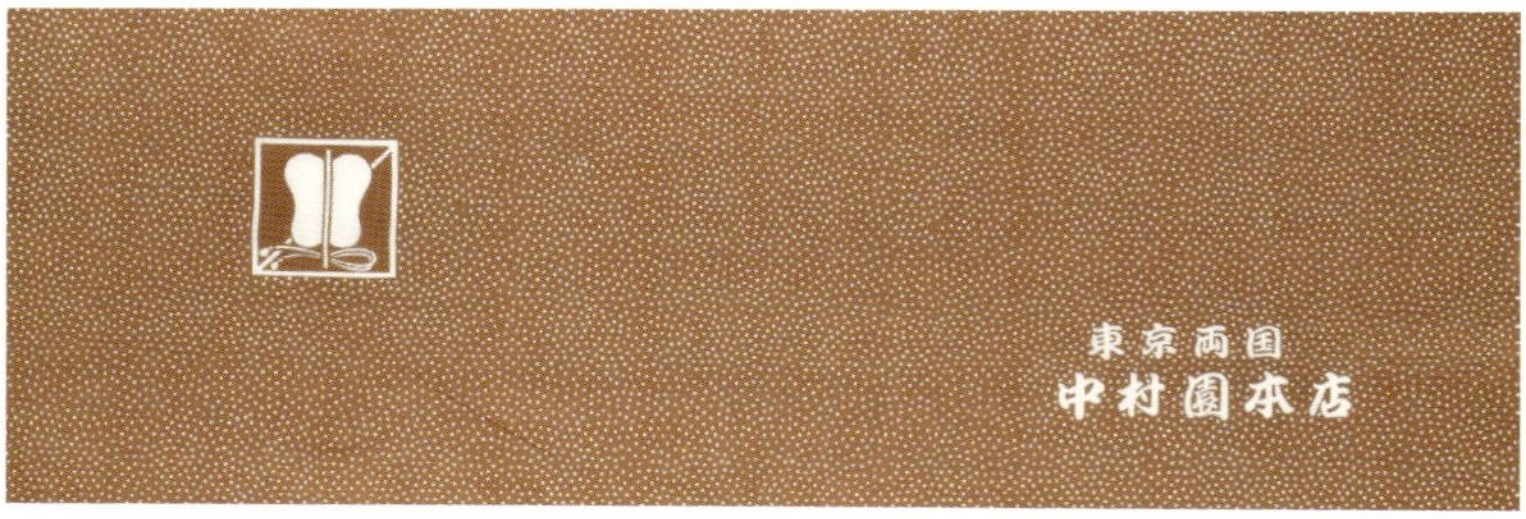

柿

柿渋手ぬぐいともいう。かつては柿渋で染めたもので、主に侍が持参した。

紺

濃い紺染め。

甕のぞき

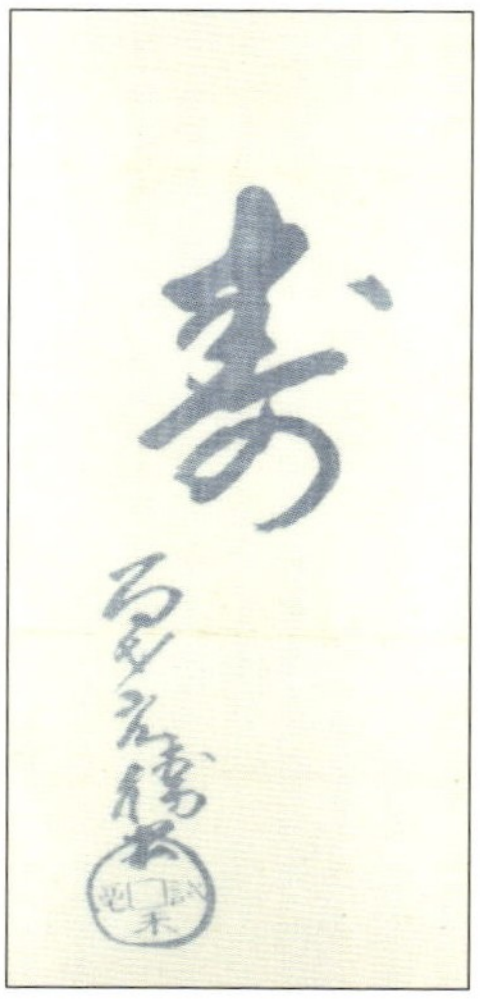

薄かけ

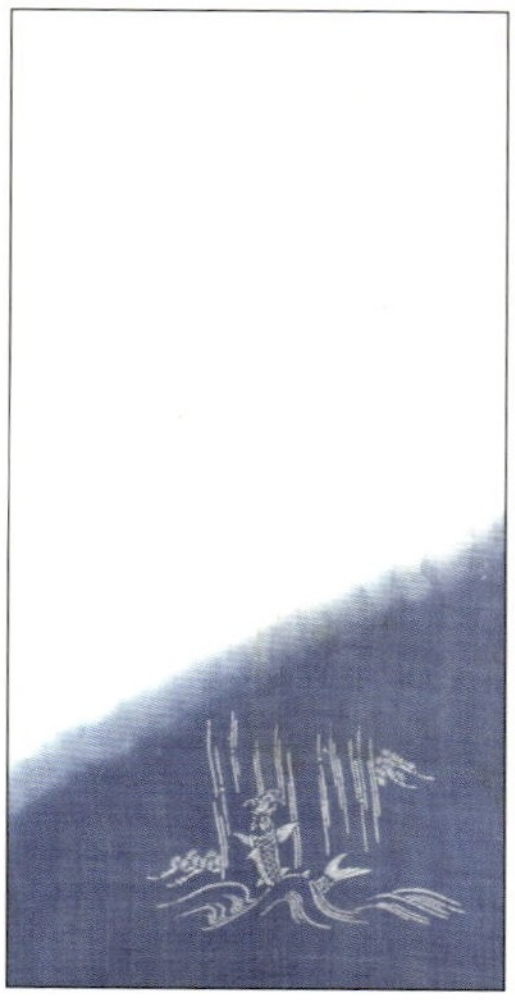

薄かけ

紺より薄く甕のぞきよりは濃い色。

甕《かめ》のぞき

きわめて薄い紺染め。藍染めは甕に漬ける回数が増える程、濃い色になっていく。

紅染め

文字通り、紅色に染色したもの。江戸時代に京阪の若衆や衆人が祭礼で着た。江戸では藍染めを用いた。

〈技法〉

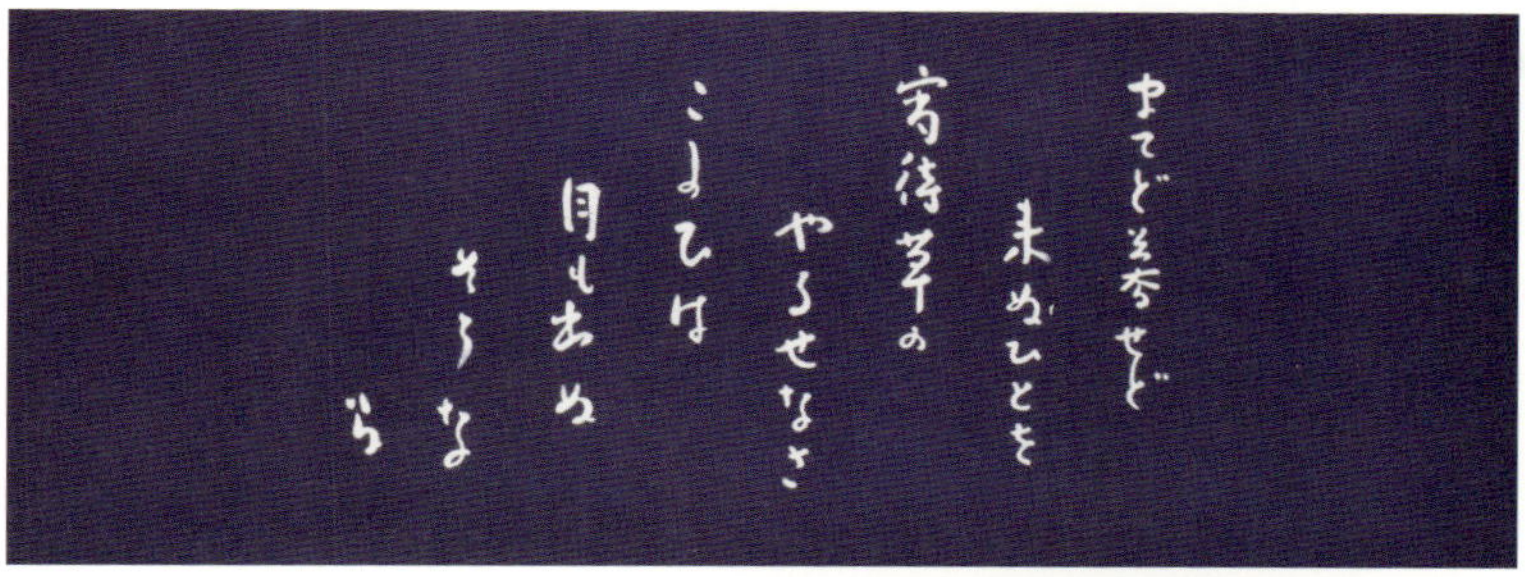

地染め

染まりの部分が多く、柄や文字を白く浮かび上がらせたもの。

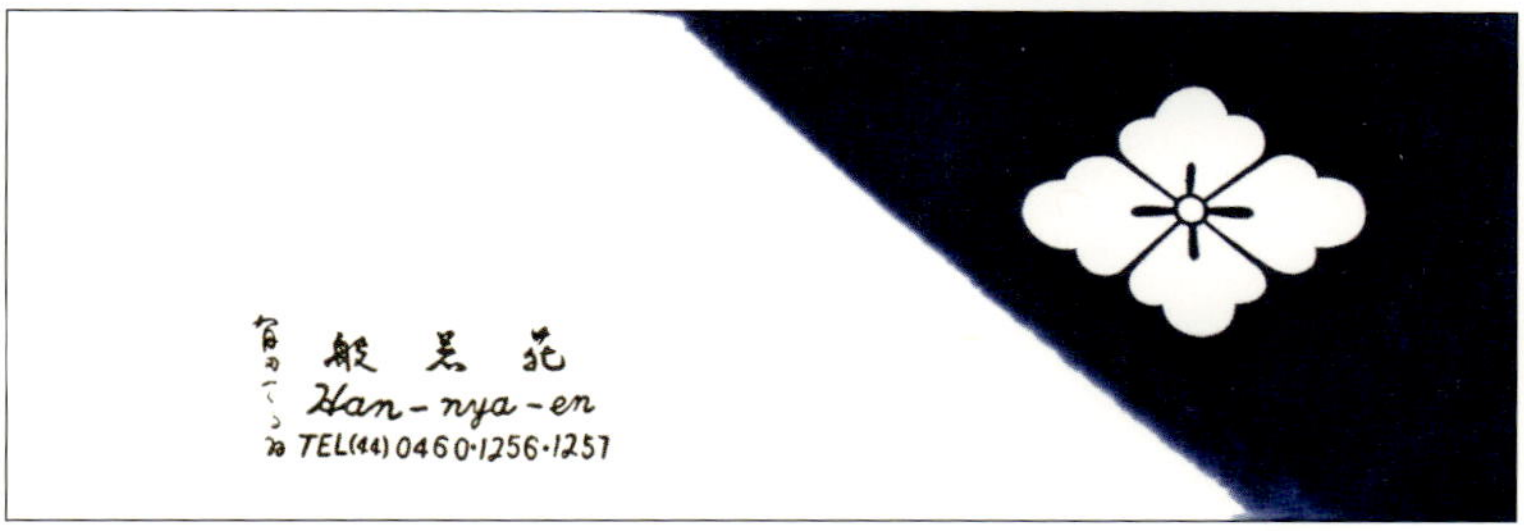

半染め

中央で半斜めに分けて、片側を白くもう片側に紺や浅葱《あさぎ》に染め分けたもの。小紋白抜きがあるものもある。舞台では町人や芸者など、やや砕けた役柄の者が半染めちりめんを着る。

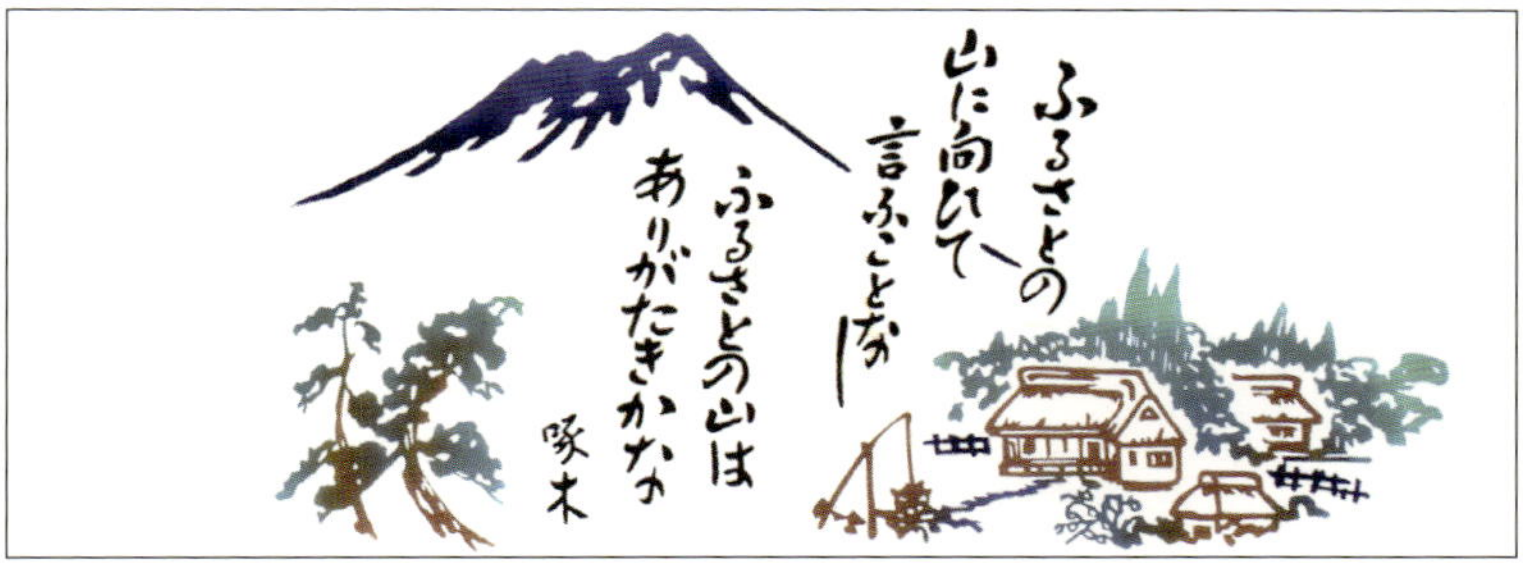

差し分け

１枚の型で同時に何色も染め分ける方法。

細川

明智光秀の娘・細川ガラシャが一度着た衣裳に、別の型置模様を染め付けたのが名前の由来。二回染め以上を言う。

〈構図〉

のぞき

紋を全部見せないで、一部分を欠けさせたデザイン。芸では、まだ駆けだしの身であり、これから精進するという決意を意味する。

くじら

横一本に太い線が伸びた柄。江戸時代、将軍がクジラ見物に行った際に、海から出ているクジラの背中を見て命名したと伝わる。

中くじら

通常の「くじら」（または天くじら）は、横長の布の端に染まりの部分があるが、中央部分に染まりをデザインしたものを指す。

雲取り

平安・室町時代の絵巻に見られる雲の形状をデザインしたもの。

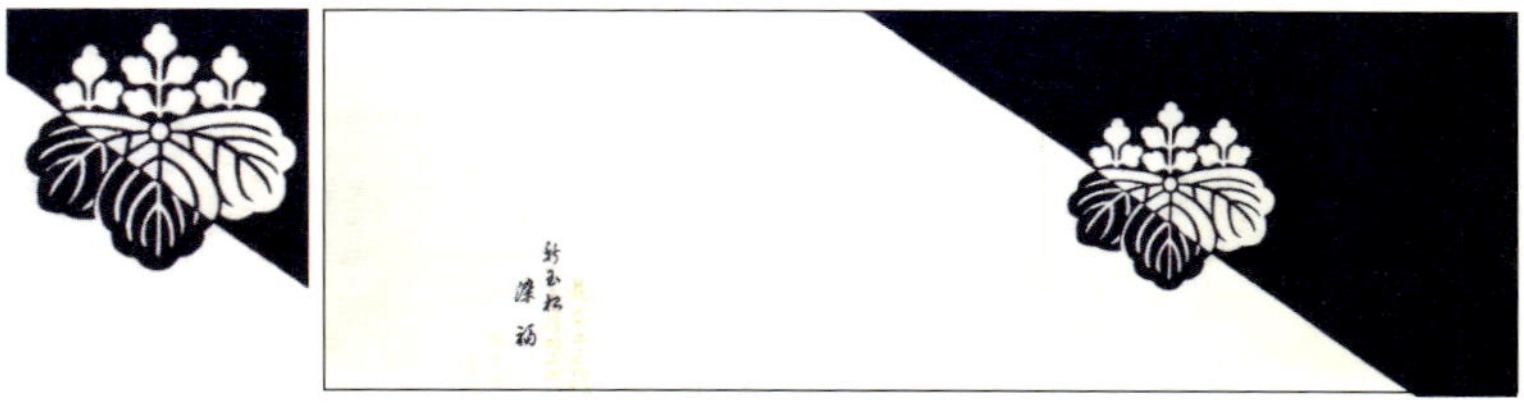

昼夜

１つの柄（紋）を昼と夜のように、半分色分けしたデザイン。

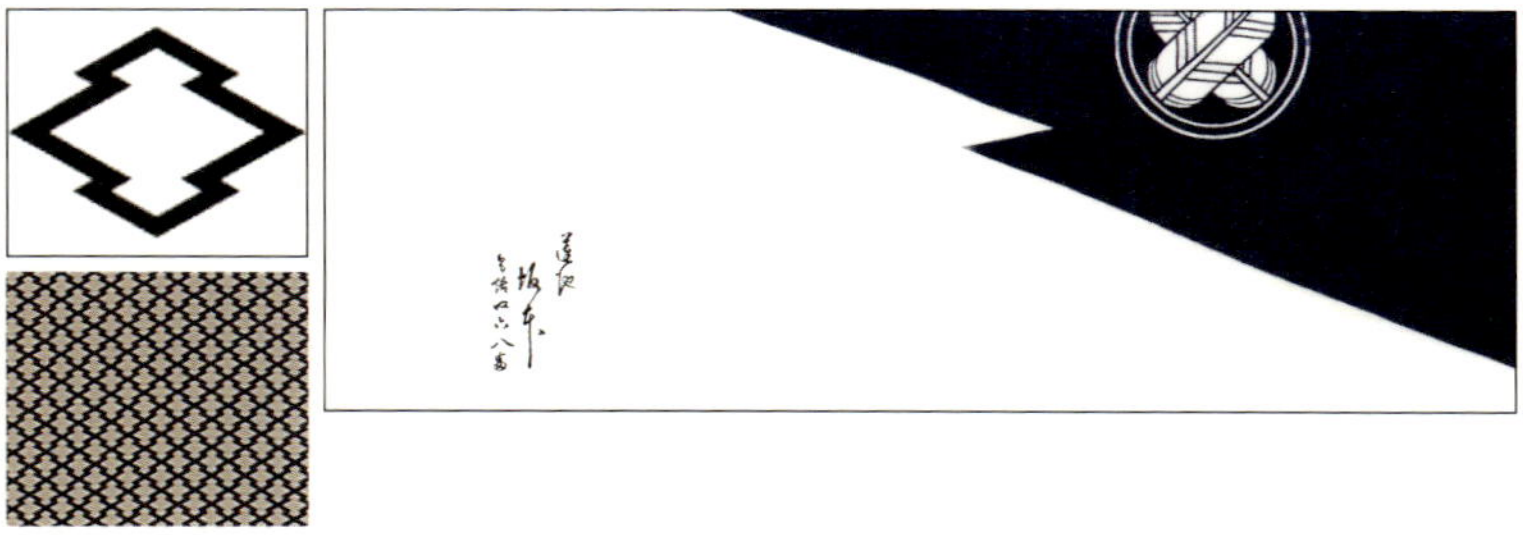

松川菱

明治時代に大流行した長唄「松川和風」の紋が由来。紋をそのまま使うのは、かっこ悪いとあえて部分を使う。

〈図柄〉

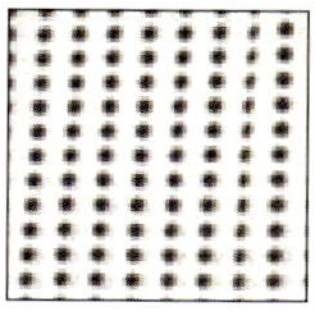
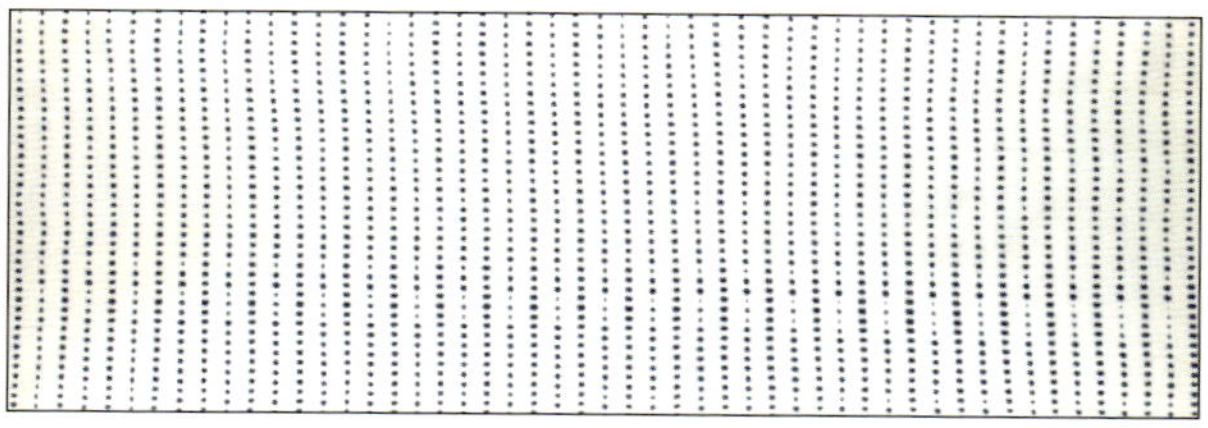

豆絞り

手ぬぐいの代表的な図柄で、豆粒のような柄が全面に配されている。芝居では「弁天小僧」「お祭り佐七」、舞踊では「お祭り」「雷船頭」などで使われる。

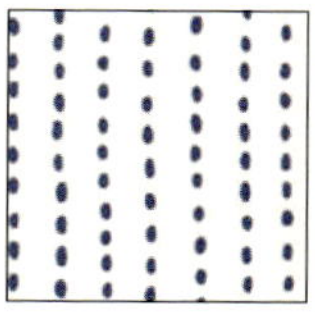
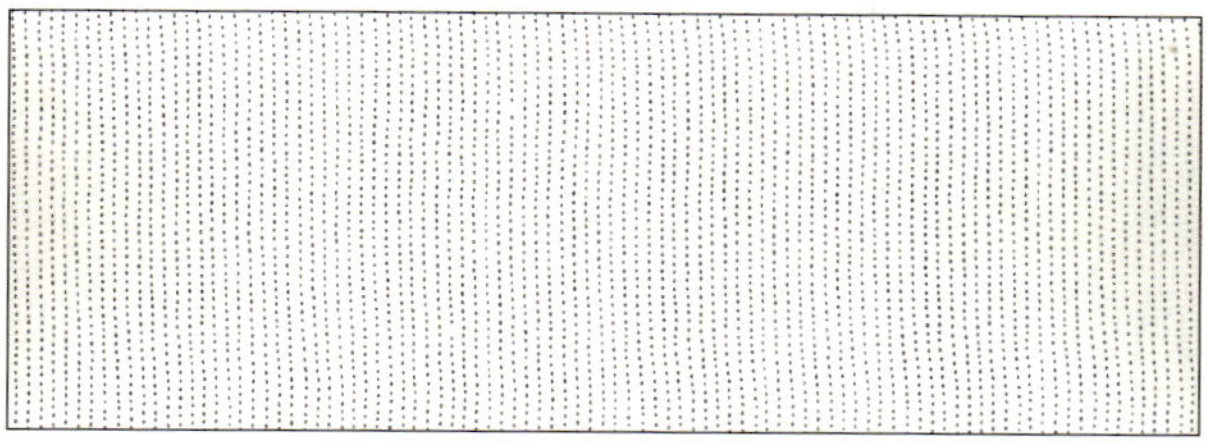

けし玉絞り

江戸末期に大流行した白地に紺の絞り染め。柄は豆絞りよりも小さい。京阪では絞りがシラミほど小さいことから虱絞りと呼ばれた。

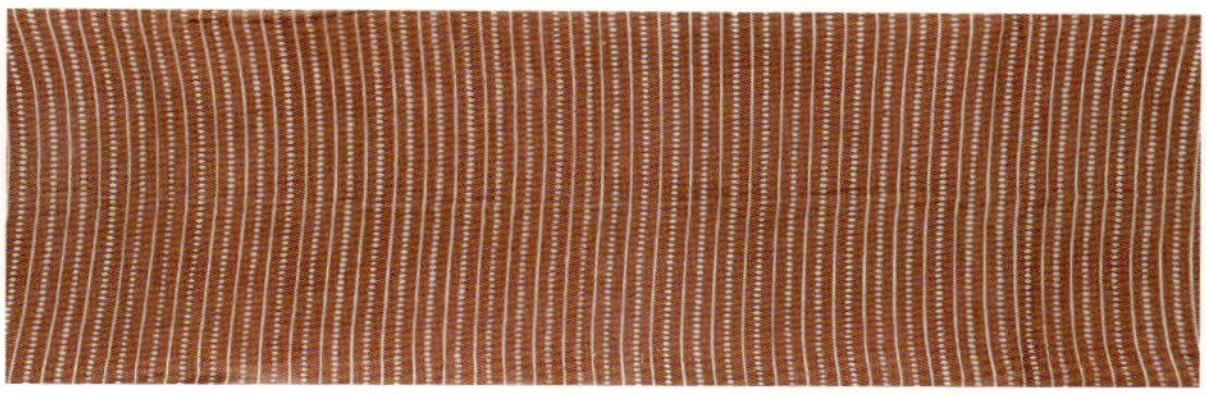

そろばん玉

白木屋名物の１つ。商人の印であるソロバンを柄にしてある。半纏、帯の柄としても人気。

大小あられ

ひょうやみぞれよりも細かくて軽い氷粒である「あられ」を大小の丸玉で表現したもの。大小あられ柄は、江戸時代の薩摩藩（島津氏）の定め柄で、「江戸小紋五役」にも入る格のある柄とされる。江戸小紋は、幕府の贅沢禁止令対策として、遠目には無地に見える細かい染め柄の生地が作られ着用されたことに始まる。手ぬぐいでは、本来の小紋柄より拡大して染められているため、親しみやすさが感じられる。

市松

紺と白と打ち違えた碁盤縞を並べたもの。江戸中期の役者・佐野川市松が衣裳に用いたことから始まる。

吉原つなぎ

別名はくるわつなぎ。白地に紺などで菱形の模様を連ねる。代表的な江戸の粋柄で、祭でよく使われる。

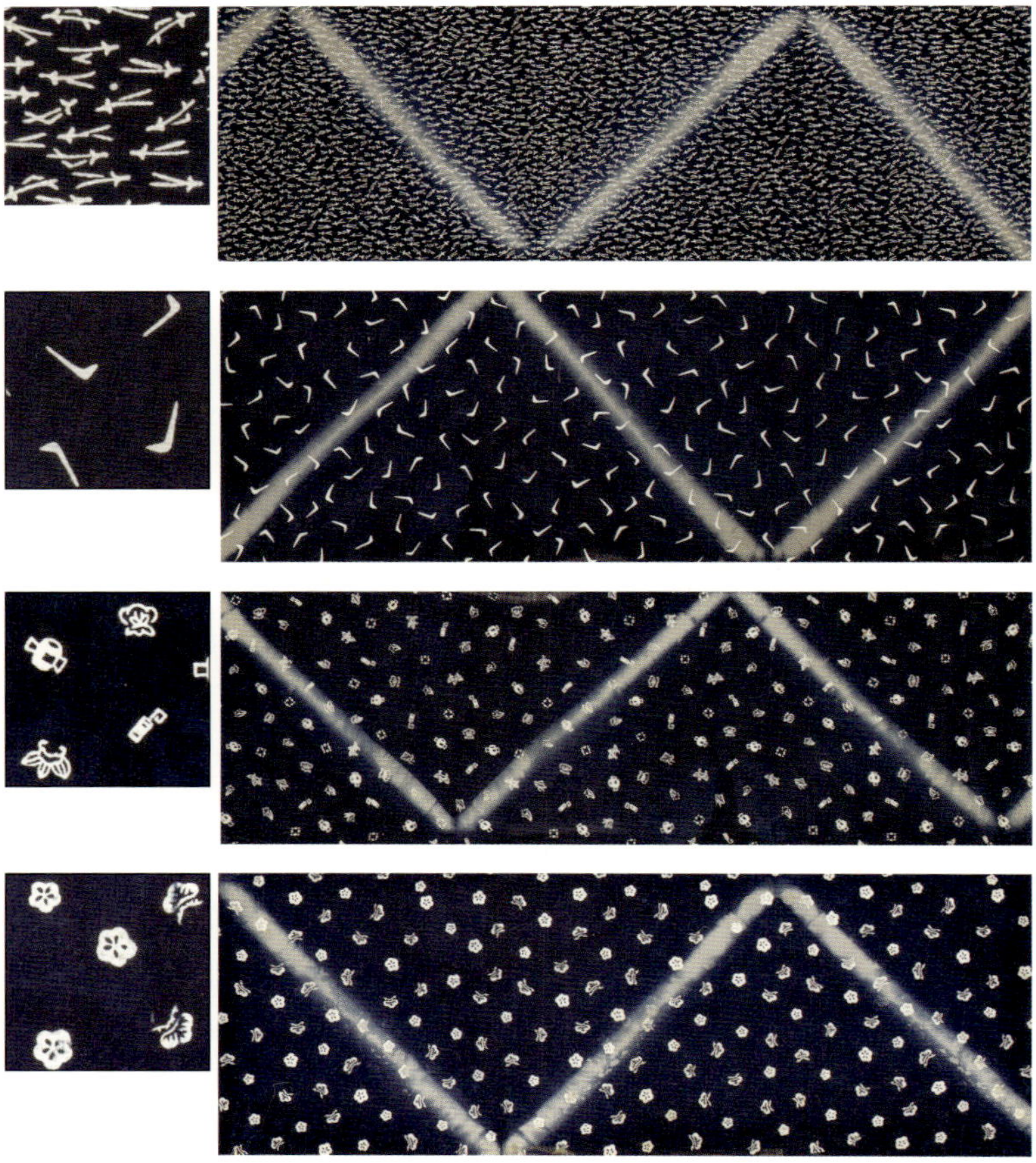

山道

松葉ちらしを紺地に白抜きし、ジグザクの山道を描いたもの。松葉小紋は五代徳川将軍綱吉の裃小紋であったことから御留柄であったが、幕府が衰退していく幕末から明治に庶民の懐手ぬぐいとして広まった。図柄は多様化していき、こぼれ松葉は粋好みの若い衆、鯛の骨は魚河岸の若旦那、宝づくしは証券・金融関係の旦那衆、松梅は商売と読ませ木場の旦那衆と、その柄から職業が分かった。白木屋の名物柄。

虫食い

花柳界・飲食店の手ぬぐいに多く使用。虫が付くほど人気が出る、おいしいを意味する。

わたしだけのオリジナルを
手に入れる

手ぬぐいを作る

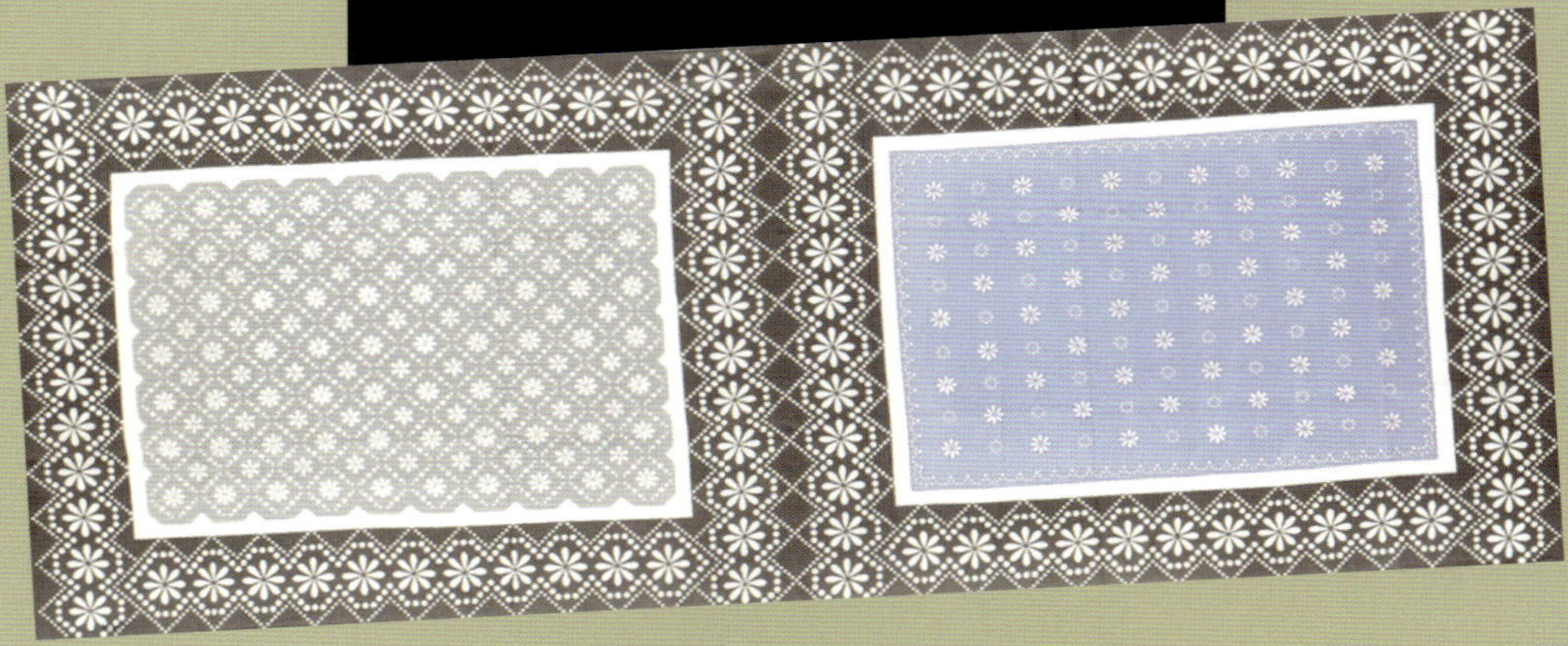

注染手ぬぐいをデザイン、製作依頼する時に知っておきたい事柄をまとめました。
オリジナル手ぬぐい作りにぜひチャレンジしてください。

手ぬぐいのサイズについて

手ぬぐいは用途で長さが異なる

手ぬぐいを製作する上で重要なのがサイズの設定だ。手ぬぐいは用途により、サイズや晒の質が変わってくる。手ぬぐいでは長手方向（左右）を「長さ」と呼び、そうでない方向（上下）を「巾」と呼ぶ。

手ぬぐいによく使われる生地の長さと巾は表のとおりである。だが、布は伸縮性があるので、サイズの誤差が生まれることは理解しておきたい。実際のサイズの誤差は±1センチほど。

また、生地によって反物の長さ、用途によって手ぬぐいの長さが変わるため、1反から取れる枚数も前後する。たとえば、総理生地1反（約10メートル）から剣道・舞踊用（長さ100センチ）を作ると10枚となる。

よく使われる生地の巾とその用途

生地名称	一反の長さ	巾	用途および特徴
総理（ソーリ）	約 10 m	約 33cm	手ぬぐい用。20 番手という太めの糸を使用する。通気性はいいが耐久性に欠ける。
岡（オカ）	約 11 m	約 35cm	手ぬぐい用。30 番手というやや細めの糸を使うため、総理よりも表面が滑らか。
特岡（トクオカ）	約 12 m	約 36cm	手ぬぐい・シャツ・浴衣用。岡と同じ 30 番手の糸を使う。耐久性がある。 シャツ・浴衣用には巾約 38 ㎝の「巾広特岡」、巾約 40 ㎝の「キング特岡」も使われる。

※素材は全て綿100%

Column

著作権について

手ぬぐいデザインの著作権は
著作者の没後50年経過で使用自由

手ぬぐいデザインでは、いろいろな日常の身の回りのものを取り入れて図案にすることが古くから行われていた。特に「著作権」がうるさくない昔は（意匠、図案の流出を避けるため型紙職人を伊勢に集め、それ以外には作らせなかったという歴史も一部にはあったものの）、多くはお互いにその意匠を使いあっていたようだ。

だが現在では、著作権法が整備され、文学をはじめデザイン、イラストなど芸術に関わる著作物の権利が保護されるようになった。著作物を使う場合には、使用料が発生するということである。

その保護（使用料が必要となる）期間は、

●著作者の死後50年間

●無名・変名の著作物は公表後50年間

●団体名義の著作物は公表後50年間

つまり、50年以前の作品については、原則として著作権は発生しないということになる。ただしこれは日本の法律で、例えばアメリカのデザインを使用する場合、同国の著作権保護期間は70年など、各国で異なることは覚えておきたい。

この決まりをクリアしてよく使われるデザインに、浮世絵や錦絵がある。手ぬぐいばかりでなく、Ｔシャツをはじめさまざまなものに使われているのはご承知のとおりだ。また、「古典柄」も自由に使える。

とはいえ注意したいのは、いくら公表後50年以上を経ていても、クレームがつく場合があること。顕著な例では、いろは48組にルーツを持つ火消しの組頭の意匠や図案。これらは代々受け継がれてきたもので、今でもその後継者が権利を主張（著作者が継続しているという認識から、死後の範疇に入っていないということだろう）しているからだ。昔のデザインを使いたい場合、以上のような問題が起こることも考えられるので、まずは専門メーカーなどに相談してみることをお勧めしたい。

手ぬぐいの長さと用途

長さ	用途
約 85cm 以下	販促品用。低価格の手ぬぐいに多いサイズ。
約 90cm	一般用。鉢巻きやかぶりものに使うには少し短い。
約 100cm	剣道・お祭り用。鉢巻きやかぶりものにはこの長さが必要。
約 110cm	舞踊用。手ぬぐいでは特殊なサイズで最も長い。

注染手ぬぐい製作依頼の手引き

注染を仕上げるためには
デザイン作成上の注意を知り
自分流の魅力手ぬぐいを作ろう

染まり点の大きさ

２名の男性の目（1.4mm×1.6mm）は、かろうじて紗のメッシュ上に乗っているだけなので、型紙から剥がれ落ちる可能性があり、保持上危険

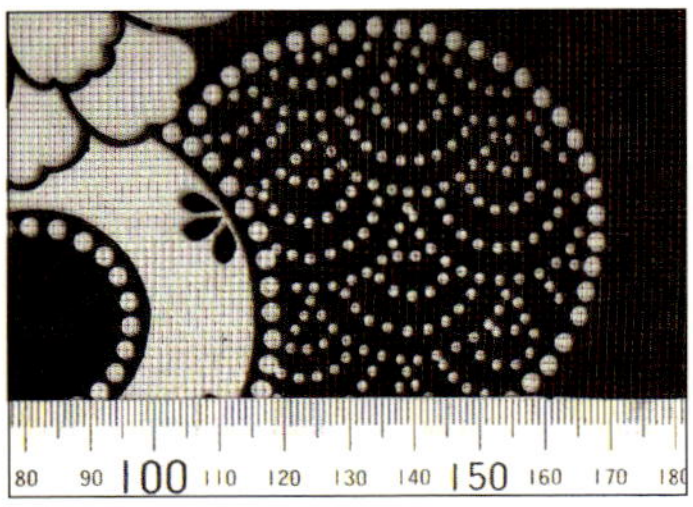

白抜き点の大きさ

白抜き点は1.5mm以上あればOK。
左の柄の型紙では、点が小さくても型付けの工程などで剥がれ落ちないことがわかる

手ぬぐいを製作する場合、専門問屋を除けば、染色や生地の諸知識に精通した手ぬぐいメーカーに製作を依頼するのが通常だ。安価に製作するなら「顔料プリント」という方法もあるが、ここでは深みや風合いがあり、よりデザインの映える作品に仕上がる「注染」をお勧めしたい。ただし、事前に知っておきたい事柄も少なくない。メーカーによって製作依頼の際の注意点は多少異なるが、基本的な内容を押さえておこう。

注染の工程の流れは、①白生地→②練地→③地巻→④型付→⑤染料調合→⑥染色→⑦水洗→⑧乾燥→⑨仕上げ。その過程で、製作を依頼する側が関わる最も重要な部分が、型付する型紙のデザイン作成である。

デザイン作成上の問題

さて、そのデザイン作成上、まず注意したいのが、基本的に、紙への印刷やプリント染色と異なり、あまり細い線や小さな点が表現できないということ。限界に近づくと、型紙で彫ることはできても、染め上がりの線の太さや点の大きさが不安定になる可能性が高くなる。製作会社と相談しながら、太さ、大きさを決めるのがいい。

1 点の大きさ

染まり点は直径2ミリ以上が必要。白抜き点は直径1・5ミリ以上が必要。染まりの点の大きさがタテヨコ2ミリ以下の場合は、紗から剥がれ落ちてしまう可能性が高くなる。

2 線の太さ

2ミリ以上が必要。注染では、「型紙と染め上がりの手ぬぐいの柄の大きさが異なる」という特性がある。また、生地へ型付をする際に、防染糊が生地に食い込み過ぎると実際の白場が大きくなり、染まりの部分が型紙の線より細くなる場合もあるが、これは、糊の硬さや染料の種類によっても微妙に異なる。基本的に2ミリ以上の線での作画を心がけたい。

3 差し分けの余白

1枚の型で同時に2色以上を染める技法を「差し分け」と呼ぶ。これは注染の優れた特徴だが、この場合、異なる色と色の部分の間に、10ミリ以上の余白が必要。これは、色が混ざってしまうことを防ぐためである。基本的に10ミリ以上の余白の

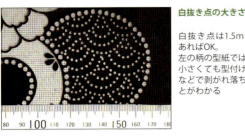

比較的簡単な
差し分け柄の例

難しい
差し分け柄の例

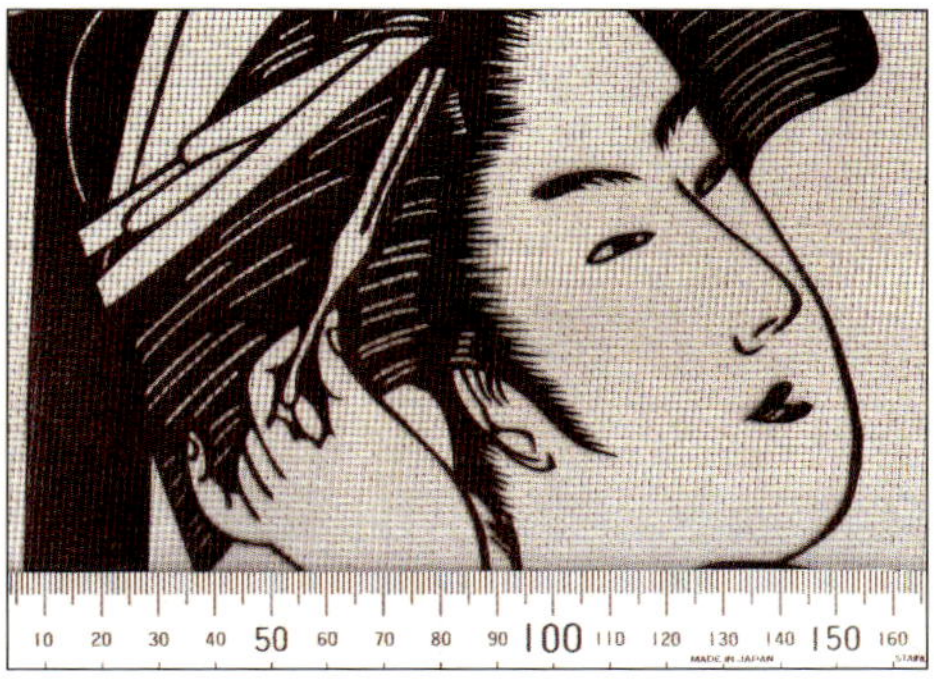

線の太さ

細い線の限界の例。上の型紙では約1.2mmの細い部分もあるが、実際の柄の線は、これより太くなったり、細くなったり、カスレが出たりしてこの通りではない。それが「味わい」なのか「不良品」なのかは人によって判断の異なる難しい点である

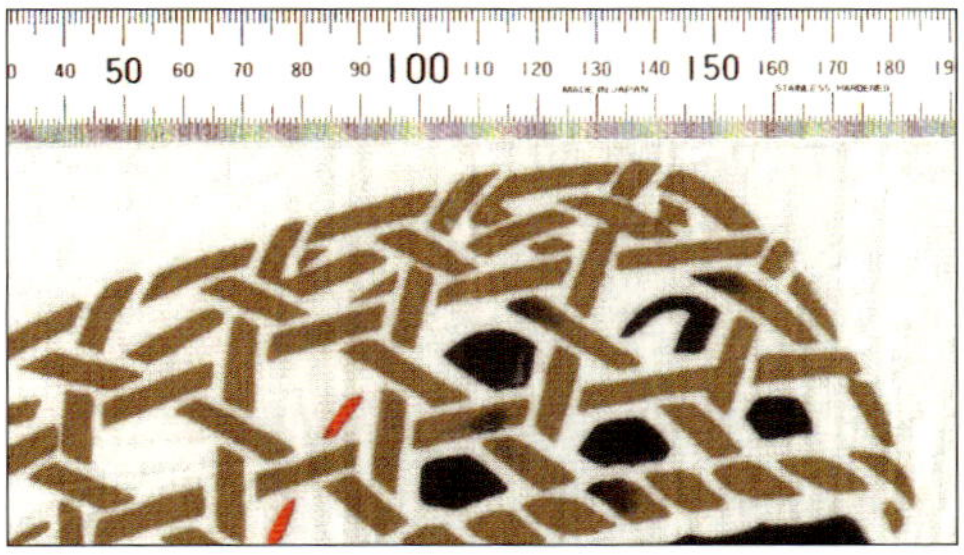

差し分けの余白

左の柄では、差し分けの余白を4mmしか取らずに柄を染めている。結果、本来であれば茶色の部分に、黒の染料が染み出している。もし、きれいに差し分けしなくても良い柄であれば余白を小さくすることも可能

ある作画であれば問題ないが、もし、きれいに差し分けしなくてもいい柄であれば、余白を小さくすることも可能だ。

注染の問題点

差し分けのできることが注染の特徴ではあるが、その限界や費用の点も考慮して、デザインを考えることも必要だ。

1 差し分け染めの限界

余白が必要なことは前項で述べたが、当然のごとく込み入ったものは難しくなる。色数が増えるほど、各色の染料の用意、糊置き、発色にかかる酸化時間や染料温度など手間のかかる作業が増加するため、必然的に限界が生じる。込み入りすぎる柄デザインではなく、染めやすい色の配置でも、人を感動させる手ぬぐいはいくらでも作れるのだ。メーカーのスタッフに相談して、染めやすくかつ魅力的な手ぬぐいを一緒に考えてもらうのもいい。「三人寄れば文殊の知恵」といったところだろう。

2 細川染めについて

「細川染め」とは浮世絵版画のように2回、3回と色柄の上に色柄を重ねて染めていく技法。これはコストが高くなり柄合わせも難しくなる。型紙が染める回数分必要になることや、染める工程が増えることなどが理由だ。

3 細川染めの問題点

この染め方の問題点は、1回目と2回目以降の摺り位置（ハマリ）にズレが出る点。生地は1回目の際に水洗い、乾燥した後は染色前とサイズが変形するためで、元のサイズと全く同じにならないことが原因である。熟練した職人が細心の注意を払って作業を行うが、それでも2～3ミリ程度のズレが出るという。この染めの場合は、柄のズレがあっても構わないデザインにすることが大切だ。

4 クレア染め（無地染め）の問題点

地色を無地で同一色（濃淡を付けた）に染めることを「クレア染め」という。これには染色機が使われ、さまざまな技法があるが、コスト面では手ぬぐい約500枚以上が通常の製作数量。約200枚から製作することは可能だが、約500枚に満たない場合はコストがアップすることは覚えておきたい。なおクレア染めは、地色は淡色、上から染める柄は濃い色というパターンが一般的だ。この場合、地色が柄の色に影響され、変化することもあるので注意したい。

5 色の一致について

注染の場合、気温や染料温度、酸化時間などで毎回微妙に色が変わるため、近代的な繊維染色よりも、仕上がりの色に

布の端付近の問題について

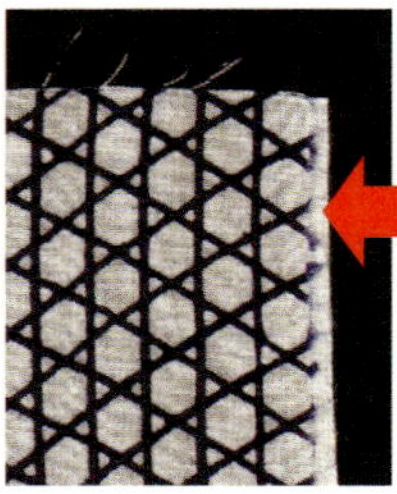

耳糸の部分が染まりにくい現象

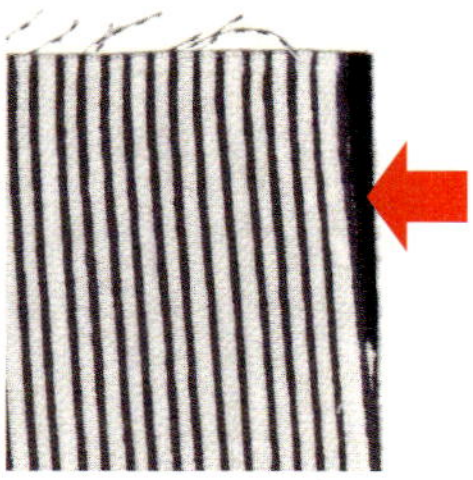

耳部分の柄乱れ・濃く染まる現象

細川染め（２回） 犬の毛（茶色）と耳の輪郭（紺色）が最大３mmのズレが出ている

染ムラ・濃淡について

同じロットの手ぬぐいで、このような色差が出た。グリーン系統は特にムラになりやすいが、他の色でも多少ムラになる

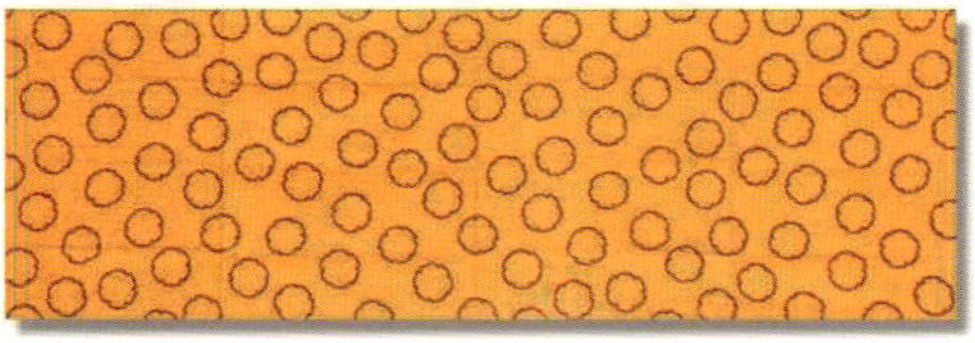

クレア染め オレンジ色でクレア染めをした後、茶色の雪輪柄を染めた場合

色の一致について

【上段】手拭染め上がりの色
【下段】ＤＩＣ色見本での目標色

ブレが出る。「色合わせ」の基本的考えとしては、メーカー側は製作を依頼する側の「希望色の目標に近づける」ということになる。リピートの場合も、前回と色が変わってしまう可能性があり、同じロットの中でも反物ごとに色が違うこともある。注染では、やり直しがきかないので、あらかじめ納得して依頼することを承知したい。

6 布の端付近の問題について

「耳」と呼ぶ布の端は、織物の場合、縦糸が通常の倍、すなわち2本引揃えで織られているため、耳の部分の生地が厚くなっている。注染は生地を40枚程度重ねて染めるので、耳の部分がかさんでしまい、微妙に型付にズレが出たり、染料の吸収が中央部と異なるので、耳の付近が濃く染まったり、逆に薄くカスレが出てしまうことがある。この現象は、色によっても違いがある。なお、糸が太めの総理生地を使った場合には、他の生地よりもこの傾向が強い。以上のことを念頭に入れ、依頼することが肝要だ。

7 染ムラ・濃淡について

注染は極めて短時間で布と染料が接触し、その後の酸化で色が固着するが、時々の酸化斑その他で地色の部分に濃淡、いわゆる「染めムラ」が出ることがある。これは濃色よりも淡色の方がその傾向が強く、特に黄緑色系のものは目立つ場合もある。

8 変退色について

注染は近代的な染色技法とは異なり、不安定な染色技法なので、洗濯や直射日光に当てるなどで、変退色することがある。特に、手ぬぐい生地でシャツや小物を作る時には、この点を注意したい。

9 デメリット表示について

いわゆる「取扱い上の注意」である。メーカーによっては、変退色などのデメリットをエンドユーザーに伝えるため、手ぬぐいに貼る「お取扱いの注意」シールを作成。製造元の社名、電話番号などを記載し、責任の所在を明らかにしている。ちなみに、社名の入らないシールを貼る場合、あるいはデメリット説明を添付しない場合には、製作依頼者に説明責任が生じる。これは特に気を付けたい点といえる。

10 折り口について

注染手ぬぐいは、生地を屏風状に折り返し、型付した後に染めていく。その折り返しの部分が濃く染まったり、カスレ、にじみが出る傾向がある。これを「折り口」と呼ぶ。連続性の柄の浴衣は、この折り口についてしばしば問題となるが、手ぬぐいはこの折り口が目立つ際には切

生地による染まり具合の差

いわゆる「ヒゲ」という現象、染料が防染糊の隙間に入り込む

細かい柄の線がカスレて消えた例

糊が完全に付かず、柄に乱れが生じた例

折り口

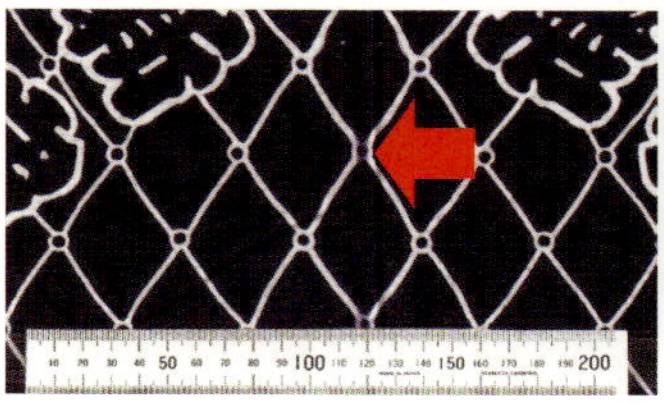

比較的目立たない折り口

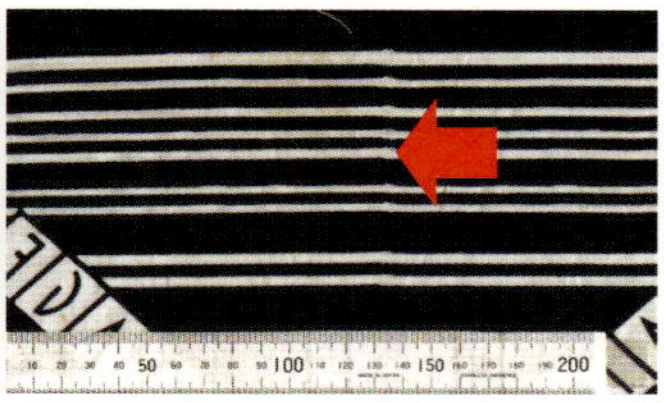

線の突起部分が折り口

型紙

古くなり全体的に強度の落ちた型紙

紗が裂けてしまい、柄が壊れてしまった型紙

り落とすので、ほとんど問題になることはない。

11 型紙はどれほど持つか

注染の型紙は、渋紙という特殊な和紙を柄に彫り、絹糸で粗く織られた「紗布」という布を張り合わせ、漆を塗って作られている。また、型紙はいきなり生地へ型付するのではなく、工程の前後で水に浸され、ふやかされている状態になり、型付の際にはヘラで擦られる。このような条件で、型紙は使えば使うほどに傷み、劣化していく消耗品なのだ。なお、型が劣化する状況には次のような理由がある。

1 湿潤と乾燥の繰り返しによる型紙自身の傷み

2 ヘラと糊で擦られることによる紗の傷み・紗の上に載る型の部品の傷み

3 型を固定する木枠へ取り付けるために使用される「鋲」による傷み

耐用限度の目安としては、「白場（紗の部分）が多い型紙」で2000〜3000本程度。「白場（紗の部分）が少ない地染まりの型紙」で5000本程度と、柄やデザインによって変わってくる。またそれ以下の数量でも、3年以上経過すると型紙の強度も劣化していくので、使えなくなる場合がある。

12 生地による染まり具合の差

手ぬぐいに使われる生地には、総理、岡、特岡などがあるが、厳密にはそれぞれ染まり具合が異なる。総理は20番手という太目の糸を粗めに織っているので、通気性が良い反面、染色の際、糊や染料が、その境界でにじみ、カスレ、ヒゲ（染料が防染糊の隙間に入り込み、ヒゲのように染まってしまう部分）と呼ばれる現象が起こる傾向がある。そのような場合には、30番手の糸を使って表面も滑らかな岡、特岡を使用することをお勧めしたい。それぞれ巾、長さが異なるので、手ぬぐいのデザインをする際には、まず生地の選択からスタートするのがいい。

13 1反で何本の手ぬぐいができるか

「1反でできる枚数＝生地の長さ÷手ぬぐい1枚の長さ」という計算になるが、生地にもいろいろな種類があり、それぞれ長さも異なる。晒し上がりの状態（型付する直前）の生地の長さは、総理＝約10メートル、岡＝約11メートル、特岡＝約12メートル。一方、手ぬぐいの長さは約90センチ、約100センチ、約110センチとさまざま。例えば、総理生地から長さ100センチの手ぬぐいを作るとすれば、割り算すれば10本取れる。同様に岡では11本、特岡では12本が取れることになる。

シワの問題　タテシワ（写真では横方向に走っている）状態

見本染め

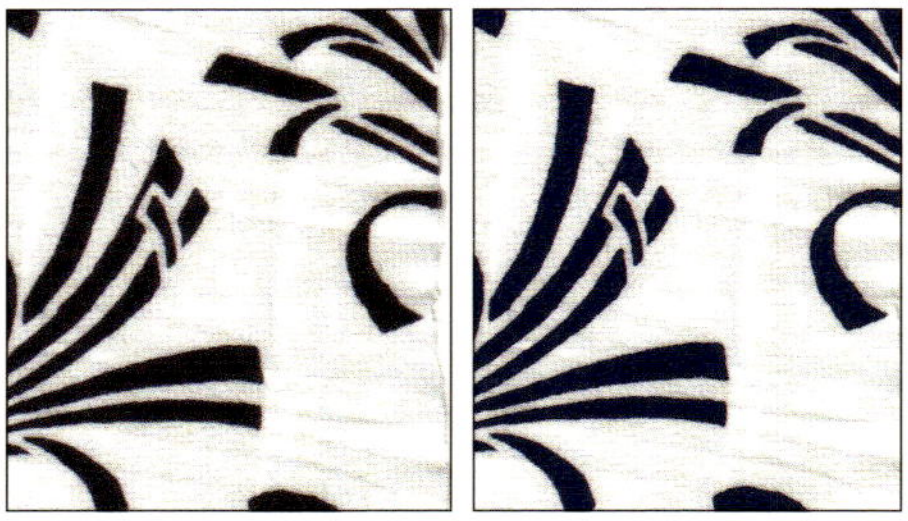

見本染をした色　量産した時に青みが強くなったイメージ

ボカシ染め

注染は１枚の型紙から多色のボカシ染めができる特徴がある。しかし「まったく同じものを複数作る」という事は苦手で、染める度にボカシ具合や色などが多少変わってくる

14 ボカシ染めについて

注染の特徴のひとつに「ボカシ染め」という技法がある。これは、型付された生地に染料を注ぐ際に、異なる濃度の染料や水をかけるなどして、濃淡（グラデーション）を表現するもの。草花の立体感や水墨画のような味わいのある作品を生み出す。しかし問題は、ボカシが染める度に同じ仕上がりにならない点。1回に染める量は概ね4反なので、その単位でできたものが微妙に違うことになるのだ。さらに細かく説明すると、1反のうちでも最初、中央、最後では、染料の浸透具合が異なり、結果的に「1本1本のボカシ具合・色の濃淡が微妙に違う」ということになる。つまり「全く同じグラデーションで量産する」「前回と同じボカシ加減のものを作る」ということは難しいというわけだ。その点を理解して製作を依頼したい。

15 シワの問題について

注染手ぬぐいは、アイロンや浴衣のように糊付けするなど、整理仕上げをしていない。これは、綿の持つナチュラルな風合いを大切にしているためだが、一方では水洗い・脱水などの時に発生してしまう加工シワ（特にタテシワ）を取りきることができず、整理仕上げをした生地と比較すると、シワが目立つことがある。これはいわば「手ぬぐいの宿命」ともいえるもので、納得の上製作を依頼したい。

16 見本染めについて

メーカーにもよるが、初回注文で100本以上の場合は、希望により見本染めをお願いできることが多い。また、それ以下の本数でも、有料（1反6000円～など）で見本染めが可能な場合もある。ただし、リピート製作と同様、注染の場合、毎回微妙に発色がズレるので、見本染めと現物の量産の場合の色が必ずしも一致するというわけではないことを了承しておきたい。

17 生地難の問題

手ぬぐいに使われる生地（総理や特岡など）は、20番手や30番手という比較的太い綿糸が使われている。紡績過程で「コーマ」という、櫛で繊維の太さを揃える加工を経ていないので、糸節《いとふし》や緯糸《よこいと》を継ぎ足す際に二重になったり、隙間が開いたりする織段《おりだん》が希にある。「生地難」と呼ぶが、これに関しては、保証できないメーカーが多いようだ。このような生地難を避けるには、上総理や特岡というワンランク上の生地を使うことで、皆無とはいえないまでも、かなり発生率は少なくなるという。用途とコストに応じて、生地を選びたい。

手ぬぐいデザインの方法

みはに工房「くだもの」

黒猫舎「昼の猫夜の猫」

手ぬぐいの用途を考え、デザインの前にテーマ決め

このページは、オリジナル手ぬぐいを作りたいけれど、どんな柄にしようか迷っている人へのヒントとアドバイスだ。イメージがしっかり出来上がっている人は、前項の「注染手ぬぐい製作依頼の手引き」を参考に早速デザインにかかってほしい。

さて、デザインに迷っているあなた、手ぬぐいの用途は決まっていますか？　オリジナル手ぬぐいを作る人の代表的な用途には以下が挙げられる。

- 販促用
- イベント用
- お祭り用
- 結婚式の記念、引き出物
- 販売用
- 店やグループなどの記念品
- プレゼント
- 剣道用
- 年始配り用
- 舞踊用

お祭りや剣道、舞踊用は長さにも注意が必要だ（P52参照）。

用途によって、ある程度モチーフは絞られてくるのではないだろうか。たとえば、店やグループの記念品であれば、その名称やロゴを入れ込んだり、年始配り用であれば干支をモチーフにしたり。

しかし、販売用など、どのような柄でもあり得る場合は、自分なりにジャンルを幾つか作り、まずはその中から一つデザインを考えてみてはいかがだろう。

- **おとぎ話**……昔話や伝説、神話などからモチーフを考える
- **ネイチャー**……自然の風景、花や樹木などをデザインする。好きな観光地や名所などがないか考えてみよう
- **アニマル**……いわゆるアニマル柄のヒョウ柄、ゼブラ柄などをデザインするもよし、犬や猫、ゾウ、クマ、ペンギンなど、動物そのものをイラスト化するもよし
- **歳時記**……四季折々の風景やその季節ならではのものをモチーフにする。春は桜やチューリップ、夏は花火や海、秋は紅葉や栗、冬は雪の結晶や雪だるまなど
- **アニバーサリー**……誕生日をイメージしたケーキやプレゼント、結婚記念日をイメージした指輪やペアの絵柄など

……といったことが考えられるが、これらはあくまでも一例。この本で紹介しているクリエイター手ぬぐいやヴィンテージ手ぬぐいが何をモチーフにしているか、どのようなジャンルに分類できるかなどを考えながら見てもらえれば、より参考になるだろう。

パソコンでデザインする場合、手描きでデザインする場合

手ぬぐいに入れたい文字やロゴ、モチーフのイラストが決まったら、メーカーに相談してレイアウトしてもらう方法もあるが、1枚全体の図案を自分でデザインすることも可能だ。最近は、イラストレーターなどのソフトを利用し、パソコンを使ってデザインする人が増えている。但し、パソコン上ではどんなに細かい柄でも作ることができるが、注染では細い線や小さな柄は

とことわ「ちゅら海」

表現できない。その点を充分に踏まえた上でデザインしよう。

　また、パソコン上で指定したとおりの色が忠実に再現できるとは限らないので、この点もあらかじめ承知しておこう。

　ところで、昔からのデザインの主流は手描き。筆を使って描いたものなどは、線が微妙に波打っていたり、丸が少々歪んでいたりする。この手描きならではの揺らぎが、かえって面白さになったり、味わいが増したりと思わぬ効果を生むこともある。絵に自信のある人は、ぜひ手描きデザインにチャレンジしてみてほしい。またパソコンを使うとしても、モチーフの一部を手描きにしてみるなどしても面白いだろう。

絵が描けなくても手ぬぐいは作れる

「絵には自信がない」「デザインソフトも使えない」という人もいるかと思う。しかし、そこは工夫次第。手ぬぐいクラスタの服部ユミさん（P82）は、エクセルソフトを使って格子柄のオリジナル手ぬぐいを作り、人気を博している。

　著作権が切れた古典柄や、インターネット上にあるフリー素材をモチーフにしてもいいだろう。線の幅や柄の大きさ、柄と柄の間隔など、注染の決まり事さえ守れば、どんな柄でも文字でも手ぬぐいは作れる。用途やデザインの方向性が決まったら、まずはメーカーに相談してみよう。

Column

手ぬぐいイラスト素材集について

　インターネット上には、著作権フリーで使えるさまざまなイラストや素材集がある。しかし、必ずしもそのまま手ぬぐいのデザインに使えるとは限らない。その大きな理由が、これまでにも繰り返し述べているように、注染には線や柄の大きさなどの制約があり、「紙への印刷はできるが、そのままでは布への染色はできない」からだ。

　この問題を簡単にクリアするには、手ぬぐいメーカーが作成している素材集を使えばいい。たとえば東京和晒では、「手ぬぐいデザインにそのまま使える専用素材集」をサイトで公開している。イラスト全186種が揃った充実の内容だ。

http://tenukuri.net/materials/

イラスト例

みんなが作った

オリジナル手ぬぐい

開店記念や宣伝、ご挨拶、周年記念、結婚記念など、みんなが作ったオリジナル手ぬぐいをご紹介。いずれも個性的な作品揃いで、思わず欲しくなってしまう手ぬぐいばかり！

西浦謙助　「夢翔めぐる」
ドラマー・西浦氏の作品。

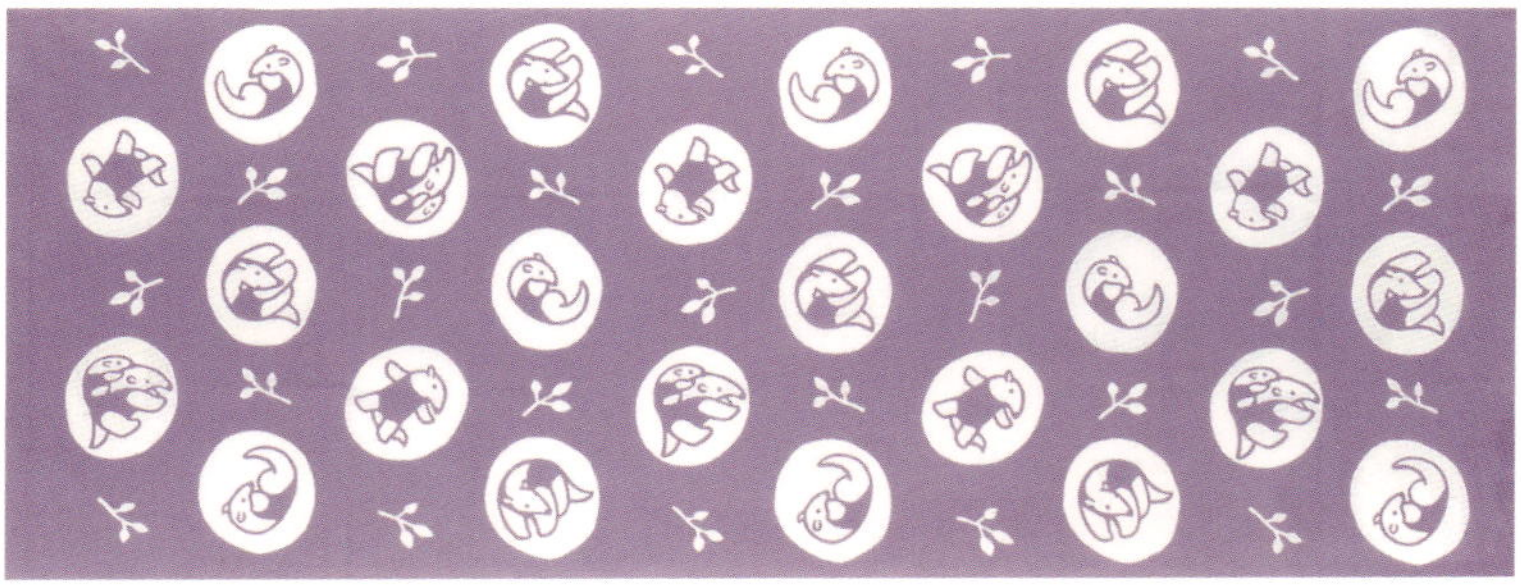

コヤナギアイコ　「アリクイ」
粘土作家・コヤナギ氏の作品。 http://www011.upp.so-net.ne.jp/tk1/c-robot/

中江いづみ
「ねこ市松」
市松模様と猫柄を組み合わせたユニークな作品。

ぱんだ珈琲店
「ぱんだ珈琲店」
杉並区阿佐ヶ谷にある人気喫茶店。 http://pandacoffeeten.com

NPO法人 どうぶつたちの病院
「ツシマヤマネコ（どんぐり）」
オオノミホ氏デザイン。
http://www.caw-trust.org

塩澤（大山）藍子
「シャチとカメ」
同型紙でブルーとグリーンの
2色製作。

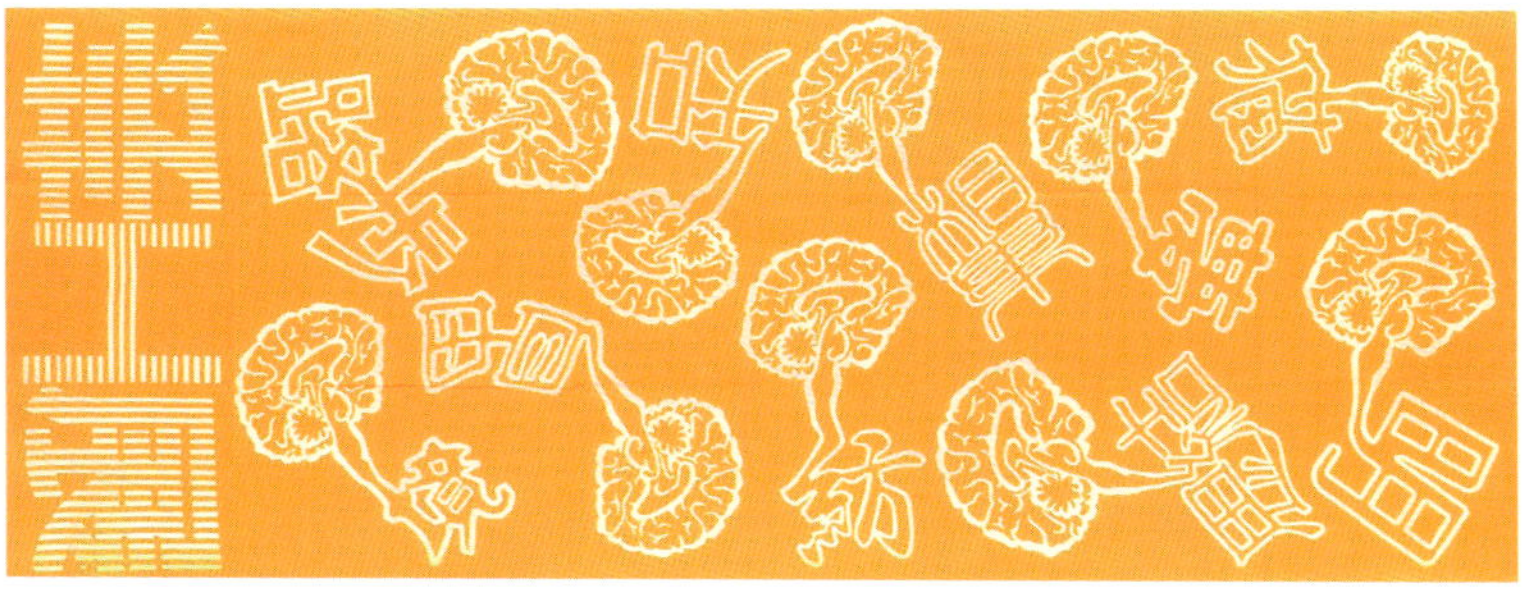

芸工展実行委員会　「芸工展2010」
芸工展は、「まちじゅうが展覧会場」をキーワードに、谷中、根津、千駄木、上野桜木、池之端、日暮里界隈で毎年開催されている。http://www.geikoten.net/

ものがたり文化の会　「30周年記念」
物語の力を栄養にして子どもたちを育む活動を続けている会。
全国各地にパーティがある。http://monobun.org/

松鶴家千とせ　「芸能生活60周年記念」
トレードマークのあごひげとアフロヘアーは手ぬぐいにも。

登山クラブ六摩会
「50周年記念」
兵庫県を拠点とする登山クラブ。
http://rokuma.serio.jp/

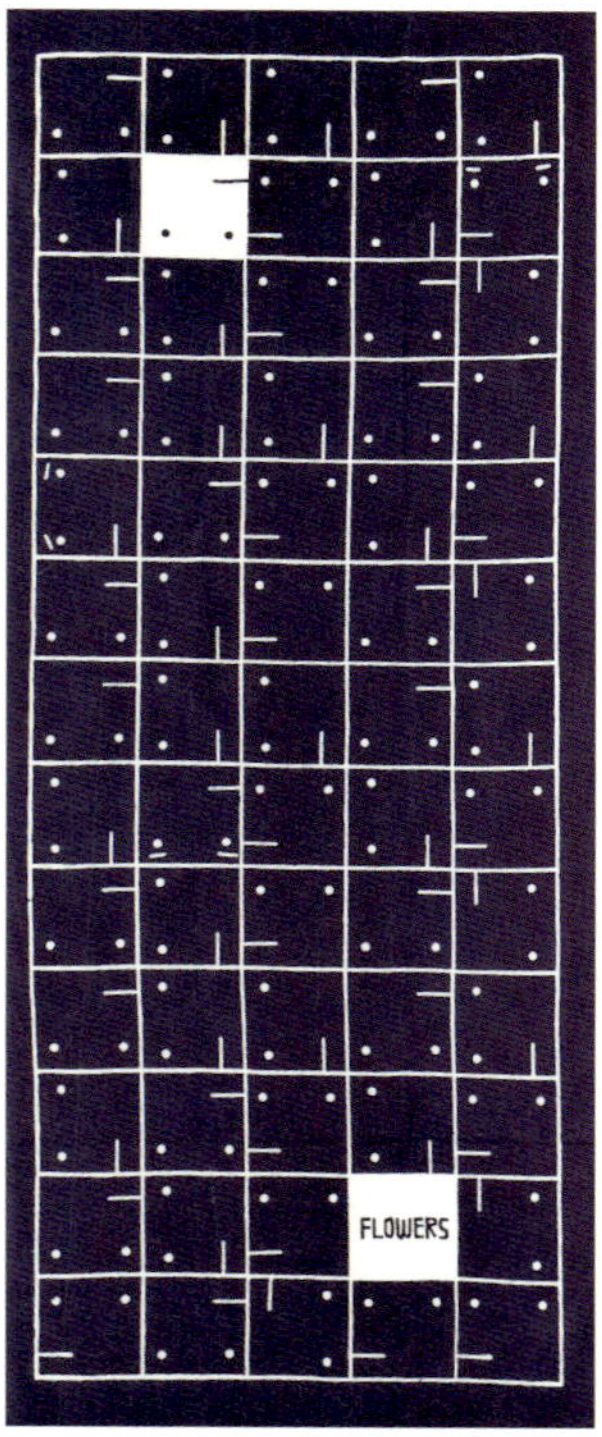

工房フラワーズ　「フラワーズ」
屋久島で島自生の樹木を使って雑貨製作をする店。
http://flws76.wix.com/flowersweb

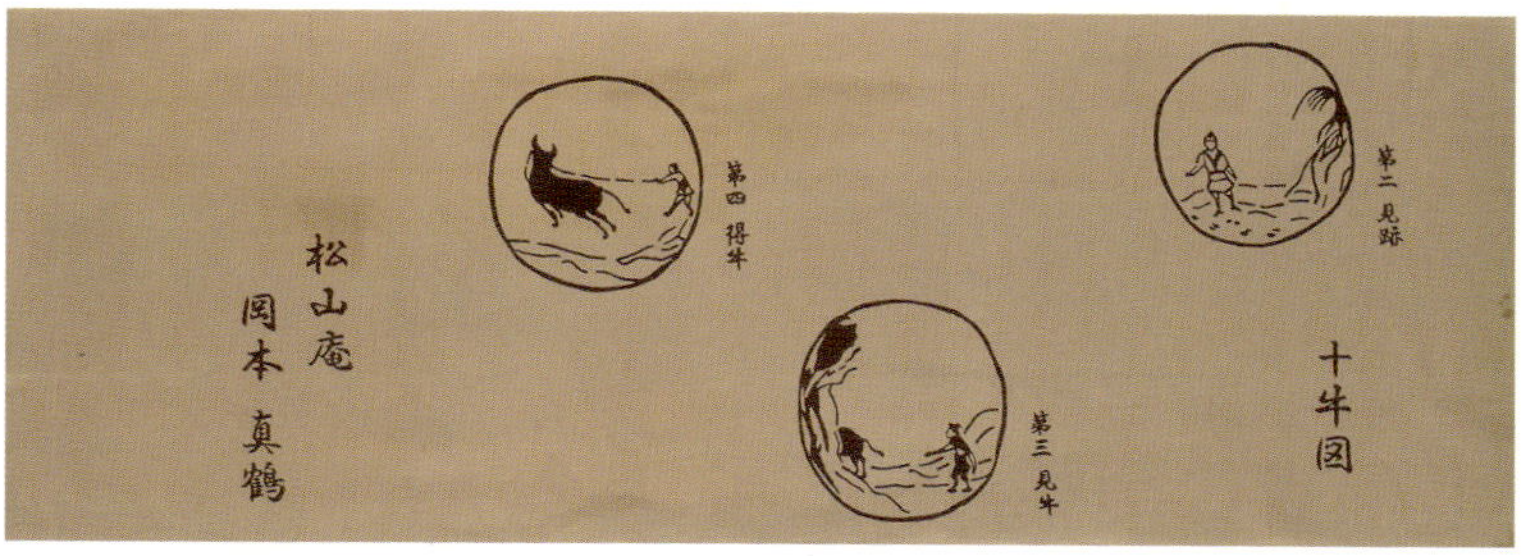

岡本正子　「松山庵 十牛図」
十牛図とは、禅の悟りに至る道程を、牛を主題に十枚の絵で表したもの。

中山道徳　「仁平屋敷」
武蔵国三十三ヶ所霊場の18番札所「旧川崎仁兵衛屋敷」が作品テーマ。

習志野市谷津干潟自然観察センター
「20周年記念［鳥］［人］」
谷津干潟は、シギ・チドリ類が多く飛来することで全国的に知られている。
http://www.yatsuhigata.jp/

花岡大輔　「結婚記念」
両家の家紋をあしらった結婚記念の手ぬぐい。

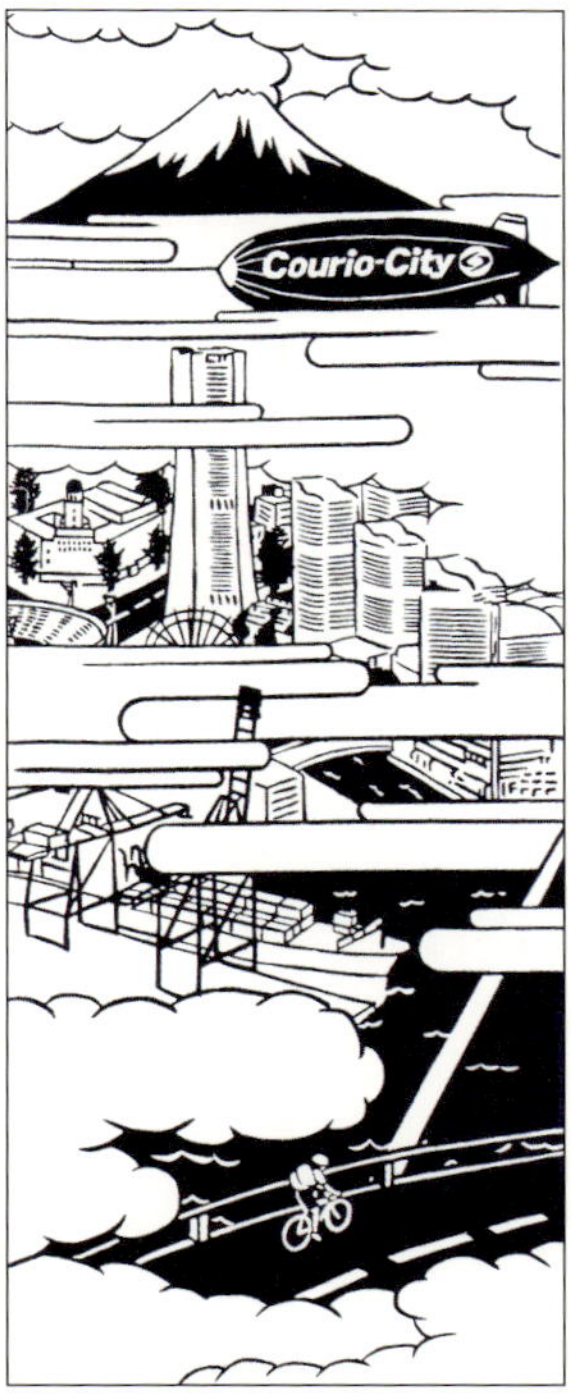

有限会社クリオシティ
「クリオシティ横浜」
横浜の自転車便・バイク便メッセンジャー会社。
http://www.courio-city.com/

手ぬぐい作り体験

てぬクリ工房の手拭実染塾

東京和晒創造館（P109）の「てぬクリ工房」で開催されている「手拭実染塾」では、注染の職人や専門の講師とともに実際に手ぬぐいを染めたり、型紙を作ったりすることができる。

手ぬぐいの販売を行うクリエイターの多くは、染色はメーカー経由で職人に依頼しているが、自分で染めた体験があれば注染への理解が深まり、デザインをする際にも注染で表現できることとできないことの違いがわかりやすくなる。

オリジナル手ぬぐいを作りたい人、手ぬぐいクリエイターを目指している人には、まず一度、手拭実染塾を体験することをお勧めする。

■ 講座紹介 ■

※いずれのコースも予約はインターネットから。各コースの講座スケジュールはホームページで要確認。http://souzou-kan.info/koubou/

手拭染体験ショートコース

初めて手ぬぐい染めを体験する人にぴったりのお手軽コース。午前または午後の2時間で、月ごとに変わる決められた柄を、あらかじめ定められた配色で染める。グループ（定員6名まで）で手ぬぐい一反（約10～11枚）を染め、完成した手ぬぐいは持ち帰ることができる。

●体験内容

1．手ぬぐいの紹介・DVD鑑賞（30分）
2．型付け体験（20分）
3．差し分け技法の染色体験（30分）
4．生地洗い体験（10分）
5．生地巻き体験・フリータイムなど（30分）

●講習料：4000円

手拭実染塾

10～17時まで、1日かけて注染の職人から手ぬぐい染めを学べる本格コース。注染をより深く理解したいなら、この講座がお勧めだ。次に紹介する「手拭型紙教室」で作成したオリジナルの型紙を使って染めることもできる。

●体験内容

1．準備と用具の説明
2．型付けと染めの実演
3．型付けと染めの体験
〈休憩・12～13時〉
4．型付けと染めの実習
5．作品発表と情報交換会

●講習料：1万6000円

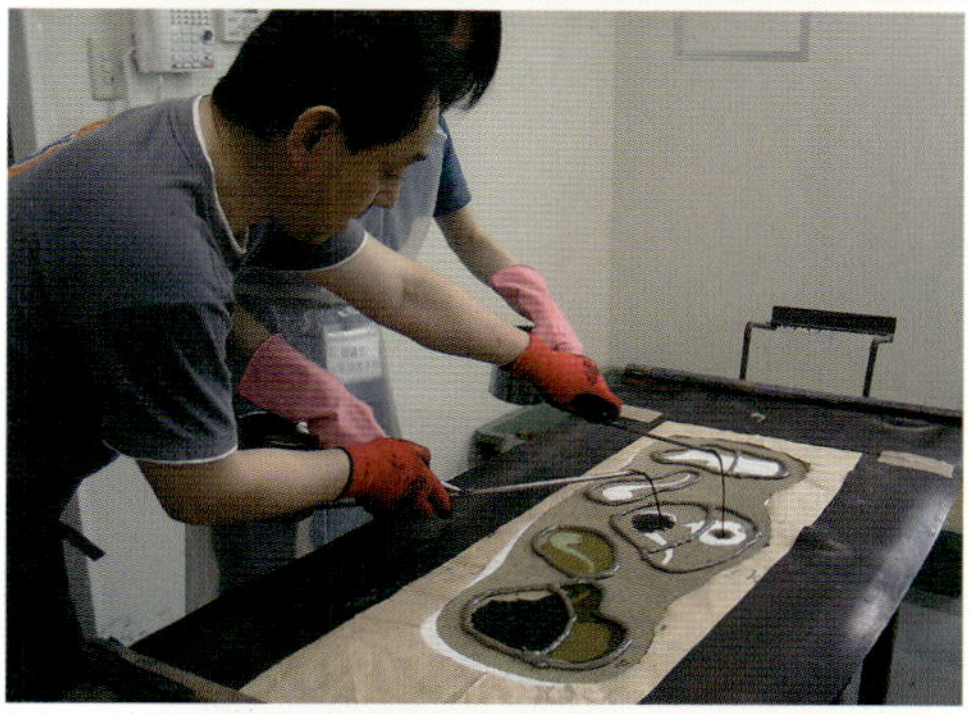

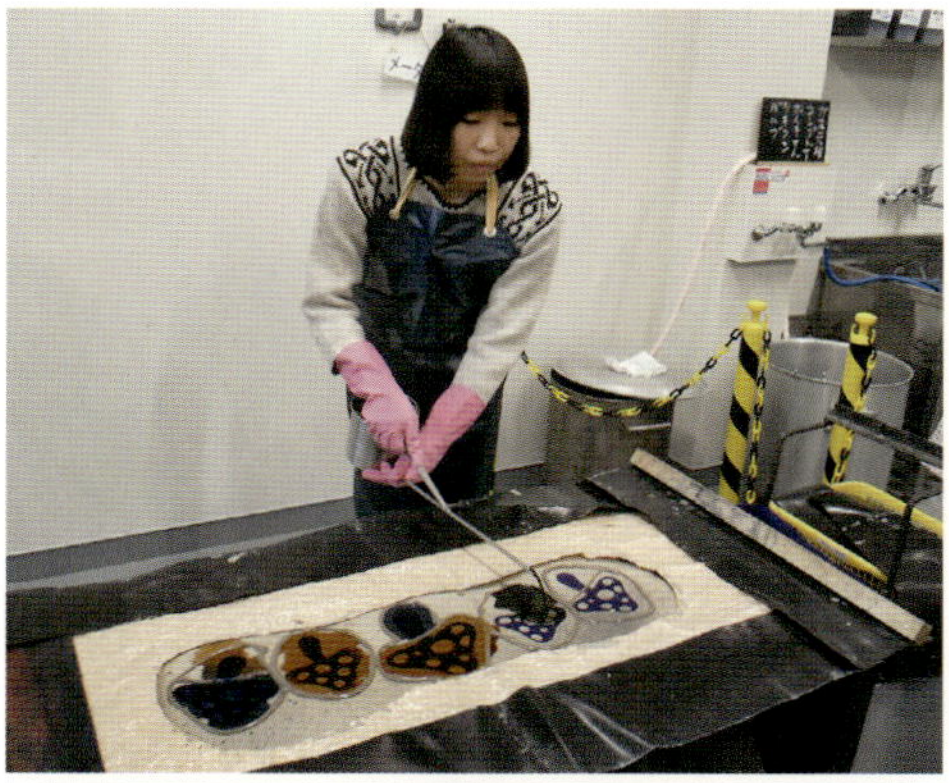

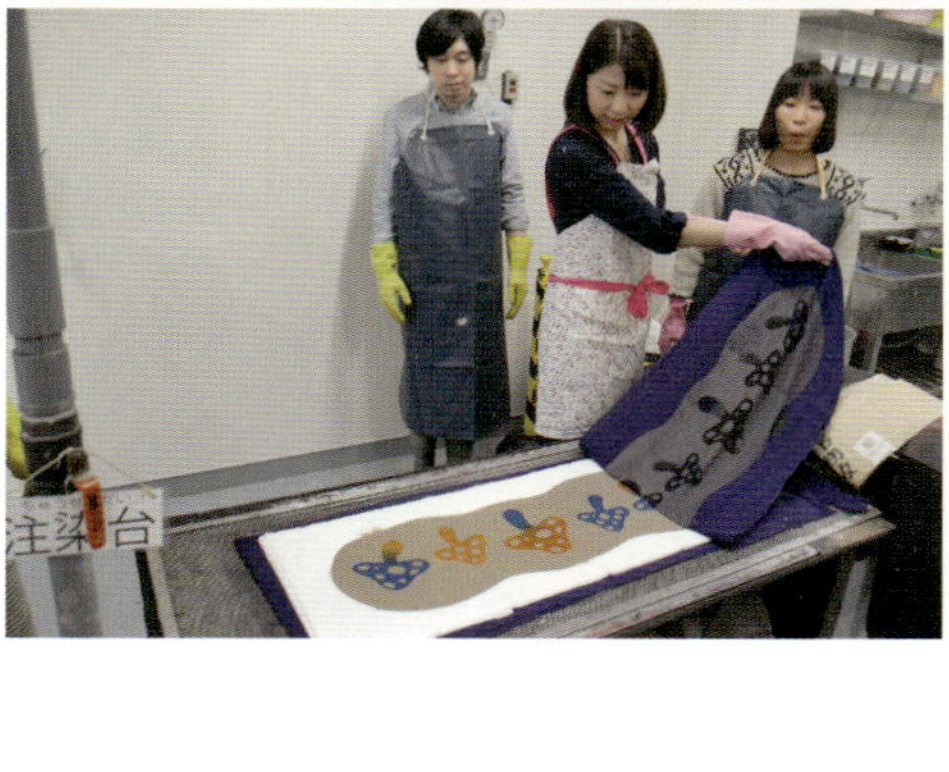

手拭型紙教室

オリジナル手ぬぐいを型紙から作りたい人のためのコース。手ぬぐい原寸の用紙(巾35センチ×長さ100センチ)にデザインを描いたもの、コピー用紙程度の厚さがない紙に具体的な配色イメージが分かるデザインを描いたものを持参して参加する。体験時間は10~16時(12~13時は休憩)。

●体験内容

1．型紙の準備
2．図柄の移し方
3．型紙の切り方
4．裏打ちの仕方
5．「吊り」の切り離し方

※型紙は教室だけでは完成しないので、帰宅後の自宅作業が必要となる。自宅などで柄を切りだす作業を完成させ、切った後の型紙に新聞紙で裏打ちをし、「吊り」を切り落とす。その状態のものを手拭型紙教室担当者宛に送付すると、約10営業日後に紗張りをして型紙を完成させてくれる。完成した型紙で手ぬぐいを染めたい場合は、東京和晒に委託して職人に染めてもらうか、「手拭実染塾」に申し込んで自分で染める。

●講習料：1万8000円

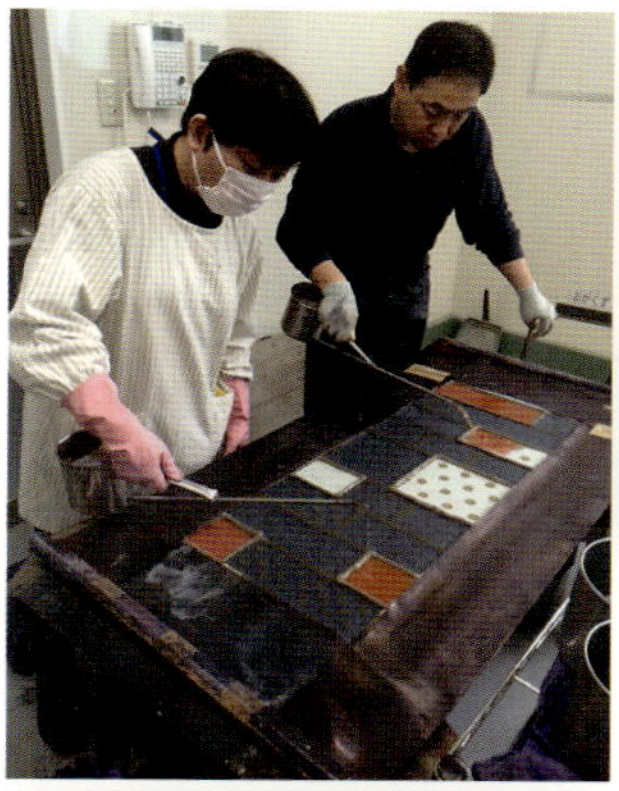

手拭染自習コース

午前または午後の3時間、てぬクリ工房の設備を丸ごと使って注染の一連の作業を自習できる、手作りを極めたい人向けのコース。但し、このコースは「手拭実染塾」に参加したことのある人が対象だ。てぬクリ工房のスタッフがサポートはしてくれるが、オリジナルの型紙を持参し、注染の作業を基本的に一人で行う必要がある。

●体験内容

1．染料の準備
2．型付け
3．染め
4．水洗など

●自習料：1万円。
材料費として染料、注染糊代、生地代（総理：一反2000円、特岡：一反2500円）が別途必要

◆てぬクリ工房◆
住所：葛飾区立石4-14-9
東京和晒創造館1F
電話：03-3693-3335
アクセス：京成押上線京成立石駅から徒歩8分

Column

「手拭実染塾」出身の手ぬぐいクリエイター

「手拭実染塾」受講後に手ぬぐいクリエイターとして活躍している人は数多くいる。彼、彼女たちは、どのコースを受講してクリエイターになったのだろうか？

●Aさん
手拭実染塾、手拭型紙教室、手拭染自習コースを各1回ずつ受講後、ネットショップを立ち上げてオリジナル手ぬぐいを販売。イベント出展など幅広く活動中。

●Bさん
手拭実染塾を1回、型紙教室を2回受講。教室に通いながら、オリジナル柄の手ぬぐいの製作発注も行い、地元のイベントで販売デビュー。すぐにネットショップも立ち上げた。

●Cさん
型紙教室と手拭実染塾を1回ずつ受講後、オリジナル手ぬぐいを持ってイベントに出展。クリエイター活動をしながら、手拭染自習コースを2回受講。

●Dさん
型紙教室と手拭実染塾を1回ずつ受講後、手拭染自習コースに10回以上参加。イベント出展などクリエイター活動を始める。

●Eさん
型紙教室と手拭実染塾を1回ずつ受講後、手拭染自習コースを10回くらい経験した頃からイベントなどでのオリジナル手ぬぐい販売を開始。クリエイター活動を始めてからも、5回程度、自習コースに参加している。

手拭実染塾の受講生による座談会

手拭実染塾に何度も参加した経験をもつ３人の受講生。手ぬぐいとの出会い、実染塾の思い出、オリジナル作品のこと等々を語り合い、大いに盛り上がりました。

司会：内藤早苗（注染作家／女子美術大学デザイン工芸学科非常勤講師）

藤井康人さん
手拭実染塾のレジェンドと呼ばれるほど通い詰めていた。手ぬぐいは自分のために作りたいから販売は考えていない。

田中利果さん
イベント出展、オーダー手ぬぐいの作成など手ぬぐいクリエイターとしても活動中。

笹本木綿子さん
「黒猫舎」の名で手ぬぐいクリエイターとしても活動中。黒猫舎通信 http://kuronekosha22.blog.fc2.com/

——司会の内藤です。今日はお集まりいただいて、ありがとうございます。まず初めに自己紹介をしていただけますか。

笹本　笹本木綿子と申します。去年の10月に型紙教室に参加して、今、3型目を掘り終わったところです。大学生の時にロフトで手ぬぐいを1枚買ったのをきっかけに手ぬぐいを集めていたのですが、社会人になって止めていました。でも、去年くらいからまた買うようになって、自分でもオリジナルを作りたくなり、実染塾に通うようになりました。

田中　田中利果と申します。物を作ることが好きで、何か作れるものはないかなとインターネットを検索していた時に手ぬぐいに出会って興味を持ちました。元から少し手ぬぐいを集めていたので、これはいいきっかけだなと思って実染塾に参加して、もう5年くらいでしょうか。いろいろデザインして楽しんでいます。

藤井　藤井康人と申します。よろしくお願いします。僕は最近は手ぬぐいを作っていないんですが、最初に始めたのは、なんとなく飛び込んだというか……。CGを作る仕事をしているんですが、それは物として残らないんですよね。それで、何か残る物を作りたいという欲求が強くなっていって、インターネットで調べていたら、手ぬぐいを作れることがわかって参加したんです。だから、手ぬぐいに興味があったというわけではなくて、とにかく何か物を作りたかったんですが、始めてみたら一気に燃え上がった、という感じです。

——自己紹介で話してくださったことと重なりますが、今一度、手ぬぐいとのきっかけを詳しく教えてください。そこがすべての始まりだと思うので。

笹本　私が大学生だった当時は、夏にならないと手ぬぐいって売っていなかったんですね。ある時、池袋のロフトで「かまわぬ」さんの催事を行っていて、そこで買った金魚柄の手ぬぐいが初めての出会いです。あと、友だちが長唄を習っていて、長唄でも手ぬぐいって使いますよね。それで、その友だちと新宿の「小粋」に行くようになって、少しずつ買い集めていきました。

田中　私は先程も言いましたように、少し手ぬぐいも持っていたんですけれど、手ぬぐいというよりも、やっぱり物作りが好きという気持ちが強いです。手ぬぐいを作ろうと思ったのは、私はペンギンが好きなんですが、ペンギンの大柄の手ぬぐいってあんまりないんですね。それで、だったら自分で作ろうと。

藤井　僕は日本画、浮世絵に興味があって、自分で真似をして筆で描いたりもしていたんです。もちろん本職の人には敵わないんですが、でも何かこれを活かして、しかも物として残る方法がないかなと考えていたので、それを手ぬぐいでやってみよう、と。最初、筆のタッチを手ぬぐいに何とか残そうと、龍の柄で1回チャレンジしたんですけど、やっぱり筆とはちょっと風合いが違うんですね。じゃあ、別の考え方でやってみよう、と次を作り、いろいろコンセプトを変えながらどんど

んハマっていきました。

——笹本さんは、なぜオリジナル手ぬぐいを作ろうと思ったんですか？

笹本　うちは家族みんな何か物を作っている家で、母は編み物、妹は和裁、父は木工などをやっているんですね。私だけ何もやっていなかったんですが、身近で物作りを見ているので、私もやれるんじゃないかなと思ったんです。皆さんと同じで、やっぱり残る物を作りたいとも思いましたし、さらにそれを使ってもらえたら楽しいな、と。

——実染塾に通って印象に残っていることなどを教えていただけますか。

笹本　私は実染塾に通ってもいますし、東京和晒さんに発注もしています。実染塾は、やっぱり自分の作品がその場でできていくのがすごく楽しいですね。発注するのも包みを開ける時にはワクワクしますが、やっぱり現場で色がパァッと浮かび上がってくるのが楽しいです。あと、職人さんが近くにいてくれるので、私があわあわしても、「大丈夫、大丈夫」と言ってくれたりして、すごく安心します。注染でできることとできないこと、それを職人さんから直接、現場で教えてもらえるのもいいですね。

田中　最近の実染塾では、糊付けも自分でするようになりましたよね。この作業は職人さんじゃないと難しいんだなということをすごく実感しました（笑）。自分でやると下とずれてしまって、その影響でぼやけるんです。ぼやけた柄ならいいんですが、はっきりした柄を作りたい時は、やっぱり職人さんじゃないとダメですね。染めでは、違う色を入れてしまったなど失敗をした時に、すぐ職人さんに直してもらえるのが心強かったです。

藤井　僕も最初は、色が出てきた時にすっごく嬉しかったんですよ。干すのも楽しかったですね。干すとまた色が変わるので。でも、そのうち工程を遡って楽しめるようになったというか、型を彫っている時から、きっとこれはこんな風に染め上がるぞ、と想像できるようになって、型彫りがすごく楽しくなりました。僕は最初から最後まで、できるだけ自分でやりたいと思うほうなんですが、多くても月一で通うくらいだったので、次に来た時にはもう前に教わったことを忘れてるんです。同じ失敗をして、職人さんに同じフォローをされて（笑）。ちょっと失敗しただけでも、職人さんには「これは後で大変なことになる」というのがすぐにわかるんですよね。やっぱり身体に染み込んでいる職人さんは違うなぁと思いました。そして、根気よく何度でも教えてくれるのが実染塾のいいところだと思います（笑）。

——実染塾での何かとっておきのエピソードはありますか？

田中　やっぱり型紙のツリの切り忘れですね。ツリを残したまま染めてしまって、出来上がってから「あれっ、こんなところに線が入ってる」と気づくということをやってしまいました。

笹本　私は初めての実染塾で、筒糊をいくら絞ってもどうしても出てこなくて。握力は強いほうなんですけど、どうやっても出ない。そうしたら、ゴミが詰まっていたみたいで（笑）。次の日、腕がパンパンになりました。

藤井　職人の阿部さんが先生だった時の回は、失敗しても落ち込むことがなかったですね。僕が何かやらかしちゃっても、阿部さんはいつもニコニコしながらフォローしてくれて、気持ちよく失敗できました（笑）。

——それでは、皆さんのオリジナル作品を自慢し合ってください！（笑）

笹本　初めて型紙教室で作ったのは、〝昼の猫夜の猫〟です。うちの黒猫がモデルで、私はイベントに出展するときなどの作家名も「黒猫舎」としています。この手ぬぐいは、型紙教室で「やらないでね」と言われていた直線をやってしまったんですが、裏張りの時に歪む歪む（笑）。それでやっちゃいけないんだなってことがわかりました。でも、次に作った〝ＢＬＯＣＫ〟も直線を多用していて、歪むのが心配だったので、下絵は描かずに直接、渋紙に鉛筆で線を引いて彫りました。

田中　私の最初の手ぬぐいは〝ペンギン〟ですね。当初のデザイン案はペンギンと後ろの山だけだったんですけど、「空間を染めるのも大変だよ」って言われて、何か自分の好きなものを足そうと思った時に、月の満ち欠けを全部入れるという風にして。でも、職人さんは「うーん……」っていう感じでしたね（笑）。失敗してもいいからやりたいです、とゴリ押しして作りましたが、職人さんは失敗をさせたくないんですよね。なんとか成功して、「よかったね」って言ってくれました（笑）。これは手ぬぐいづくりのきっかけになった作品なので、思い出深いです。

藤井　僕は下絵は描かずに、直接渋紙に絵を描いて彫るんです。だから、途中で絵柄が反転している柄は、残すほうと残さないほうと、頭の中で考えながら彫るので気が狂いそうになりますね（笑）。ところどころミスがあるんで、あまり細かくは見ないでください。でも、この中で一番気が狂いそうになったのは、丸の手ぬぐいです。普通のカッターで、もうとにかくひたすら丸なんで。あまりに丸に飽きたので、一カ所だけハートにしてあります（笑）。

——皆さん、本日は本当にどうもありがとうございました。

笹本木綿子さんの作品

田中利果さんの作品

藤井康人さんの作品

手を拭くだけじゃない手ぬぐいの魅力

手ぬぐいを使う

ここでは手ぬぐいで物を包む方法を幾つか紹介しますが、手ぬぐいの使い方に決まりはありません。頭や首に巻いたり、膝掛けにしたり、インテリアとして飾ったり。使い方の達人・手ぬぐいクラスタのインタビューも参考に、いろいろな使い途を考えてみてください。

●ボックスティッシュ

ボックスティッシュを手ぬぐいで包めば、お部屋のアクセントになります。季節に合わせた柄で包むのも楽しいですね。

1 手ぬぐいの裏面が上になるように広げる。

2 手ぬぐいの中心に合わせて両端を折りたたむ。

3 折りたたんだ手ぬぐいの中央にボックスティッシュを置く。

4 ボックスティッシュをくるむように片側を包む。

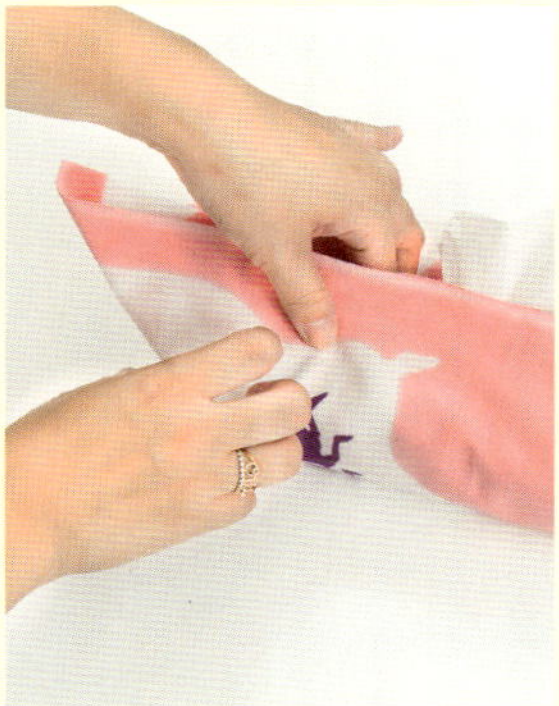

5 角と角をギュッと真結びする。

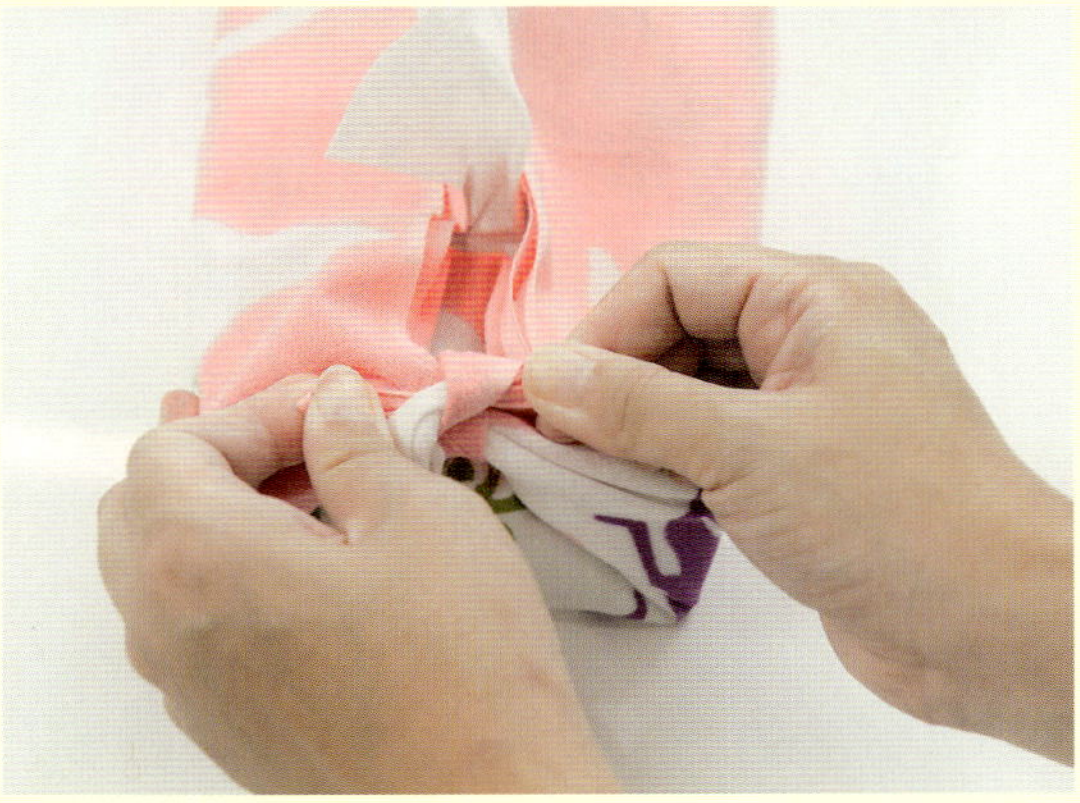

6 もう片側も4と同様に包む。

7 角と角をギュッと真結びしたら、完成。

●ペットボトル

持ち手の付いたペットボトル包みは、見た目もかわいらしく、冷たいペットボトルの水滴よけにもなって便利です。

1 手ぬぐいの裏面が上になるように広げる。

2 手ぬぐいの左端に飲み口が出るようにペットボトルを置き、手ぬぐいの角と角をギュッと真結びする。

3 ペットボトルを両側から手ぬぐいで包む。

4 余った手ぬぐいを飲み口に向かってねじる。

5 ねじった部分を飲み口の結び目に通す。持ち手の長さはお好みで調整を。

6 飲み口の結び目に通した部分を、持ち手として残した部分にギュッと結びつける。

7 持ち手の付いたペットボトル包みの完成。

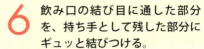

ボトル（1本）

お友だちの家でのパーティーなどにお酒を持参する時、手ぬぐいで包んで渡してみてはいかがでしょう？

1 手ぬぐいの裏面が上になるように広げる。

2 手ぬぐいの右側を折り返した時に、ボトルネックの部分が出るくらいの位置にボトルを寝かす。

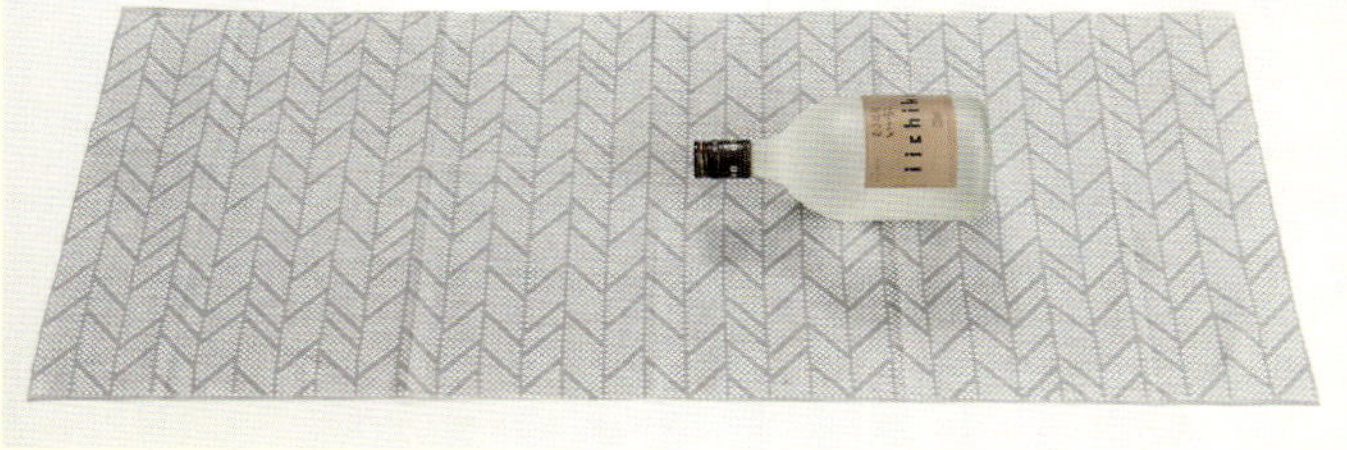

3 手ぬぐいの右側を折り返してボトルにかぶせる。

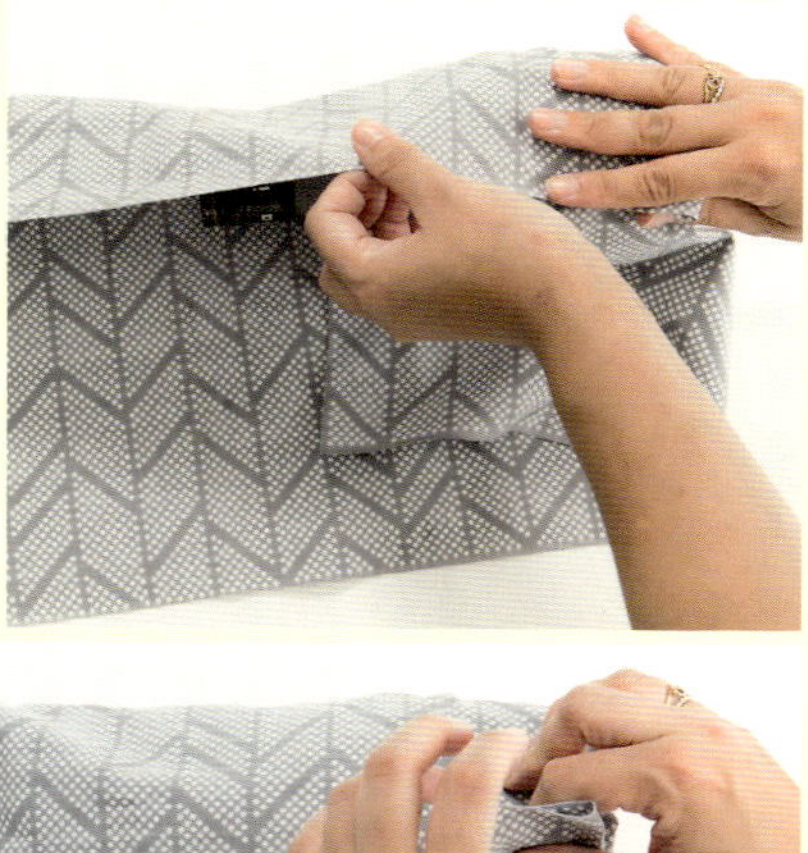

4 手ぬぐいの上側、下側の順に、ボトルを包む。

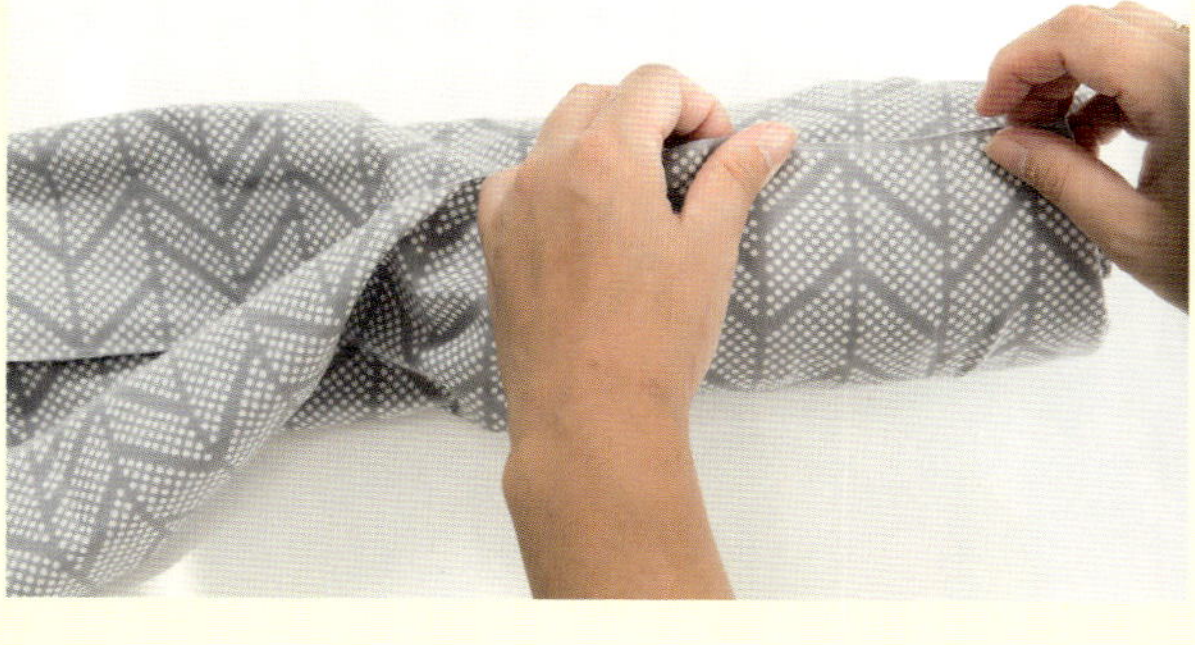

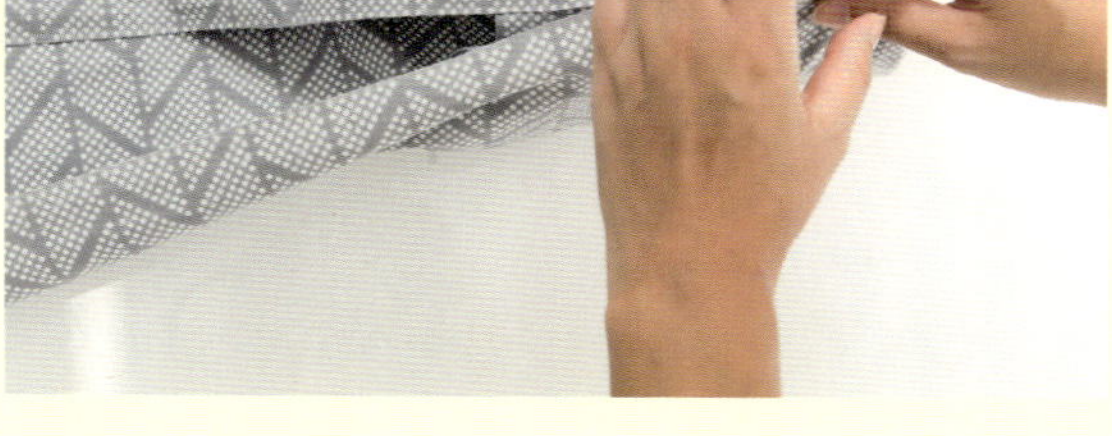

5 ボトルを起こす。

6 ボトルを片手で押さえ、余った部分をねじる。

7 ねじった部分をボトルネックに巻き付ける。

8 1周したところでギュッと結べば完成。

ボトル（2本）

手ぬぐいで包むことで持ち運びやすく、贈り物のラッピングとしても素敵に仕上がります。

1 手ぬぐいの裏面が上になるように広げる。

2 手ぬぐいの中央に間隔を開けて、底が向き合うようにボトル2本を寝かす。

3 手ぬぐいの上側、下側のいずれかからボトルに手ぬぐいをかぶせ、ぐるりと巻いて包み込む。

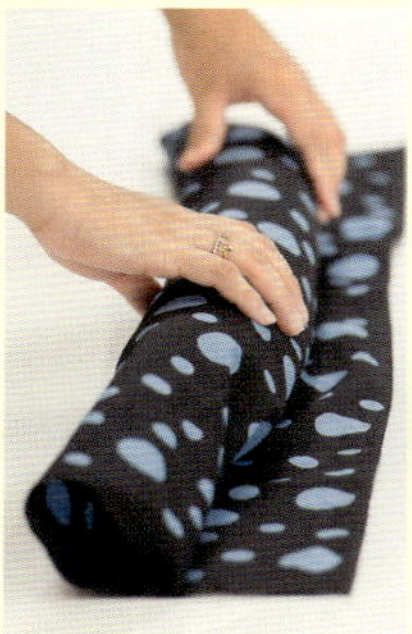

4 ボトルを起こし、手ぬぐい両端の余った部分をギュッと結ぶ。

４で完成だが、贈り物にする場合などは、別の手ぬぐいを巻き付けたり、リボンを結んだりすると、より華やかになる。

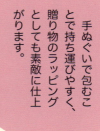

●丸くて小さい果物

冬の定番果物ミカンも、手ぬぐいで包めばこんなにかわいらしく変身します。もちろん、ほかの果物でもOKです。

1 手ぬぐいの裏面が上になるように広げる。

2 手ぬぐいの上に、間隔を開けて果物を並べる。

3 手ぬぐいの上側、下側のいずれかから果物に手ぬぐいをかぶせ、ぐるりと巻いて包み込む。

4 端から順に、果物と果物の間をねじる。

5 果物で輪を作るように手ぬぐいの両端を寄せ、ギュッと真結びする。

6 結び目の形を整えたら、完成。

●ポケット

お部屋の鍵など、ちょっとしたものを入れるのに便利なポケット。散歩にも手ぶらで出かけられますね。

1 手ぬぐいの裏面を合わせて二つ折りにし、折り目が下になるようにベルトに通す。

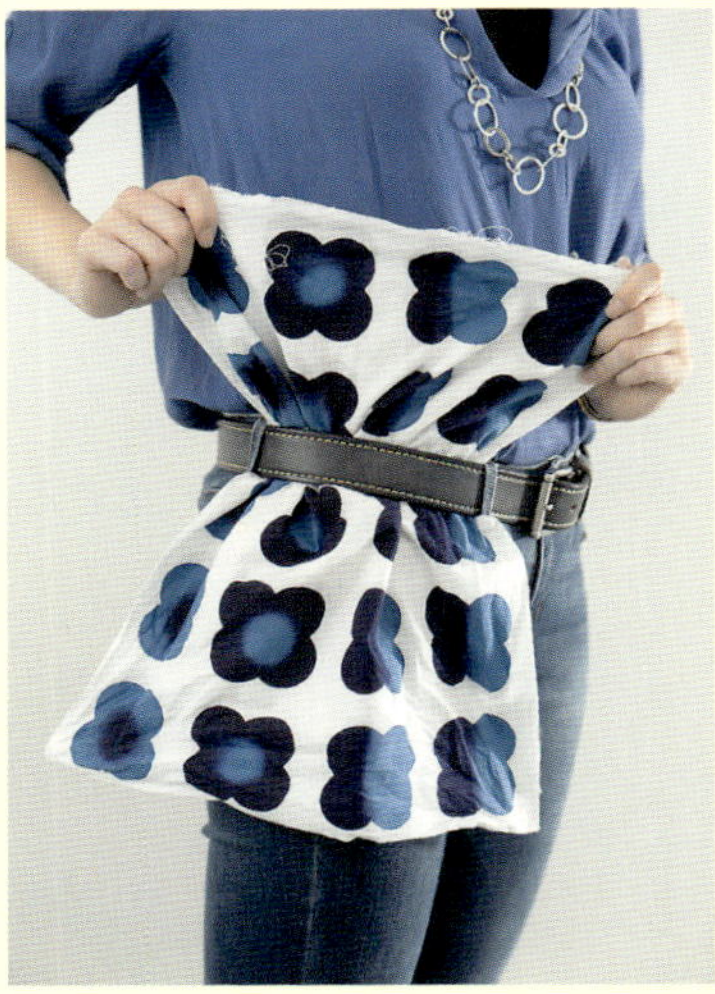

2 上下の端をそれぞれギュッと真結びする。

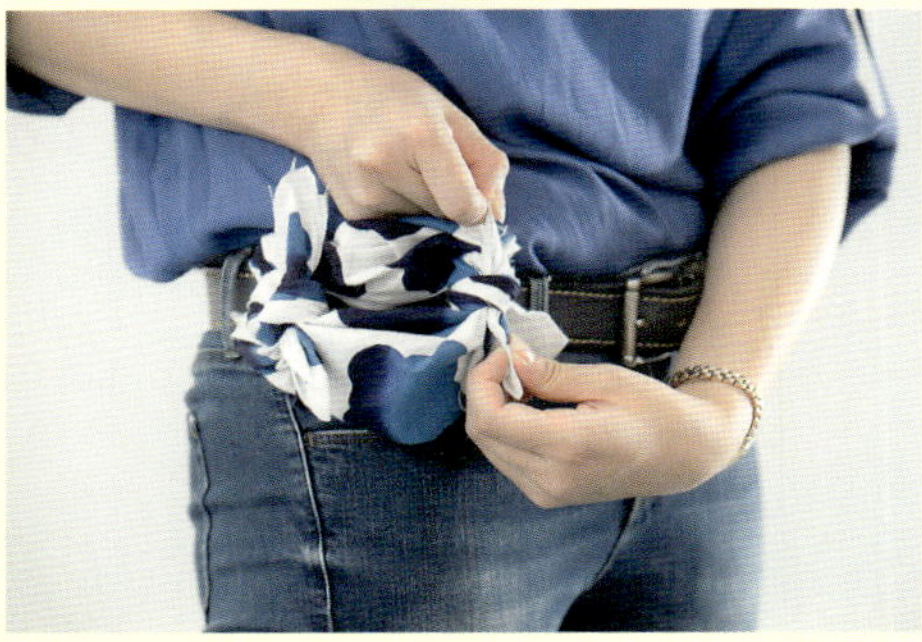

3 ポケットの形を整えたら、完成。

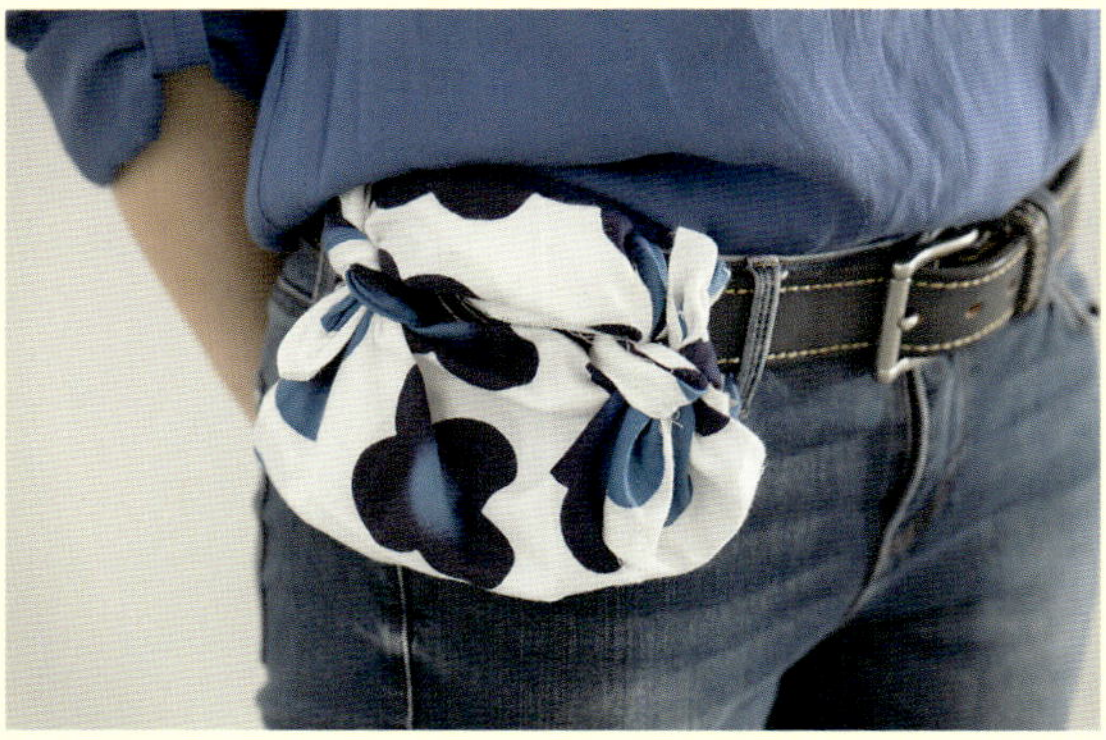

●使用した手ぬぐい●

ボックスティッシュ：みはに工房（http://mihanisomefu.blog130.fc2.com/）
ペットボトル：zucu（P14参照）※7左側の手ぬぐいは「とことわ」作品。
ボトル（1本）：zucu
ボトル（2本）：なな梅（http://d.hatena.ne.jp/nana-ume/）
丸くて小さい果物：とことわ（http://tokotowa.net/）
ポケット：zucu

Column

手ぬぐいのいろいろなかぶり方

てぬクリ実行委員長　**瀧澤 一郎**

「手ぬぐいのかぶり方」「手ぬぐい かぶり方」などでインターネットを検索すると、いろいろなかぶり方の絵が出てきます。

お祭りの現場でよく見かける、「クワガタ」「ねじり」「喧嘩結び」「喧嘩かぶり」など以外にも、「姉さん」「吉原」「道中」「ひょっとこ」「盗人」など、すぐに30種類ほどにも達し、さらに昔の歌舞伎絵などを見ると、名前もついていないようなかぶり方が何百種類もあることがわかります。

これら手ぬぐいのかぶり方には、大きく分けて次の3種類があります。

①「頬かぶり」
②「置き手ぬぐい」（帽子のように被るもの）
③「鉢巻」

私も、暇を見つけては、また仲間と相談しては、いろいろなかぶり方にチャレンジしていますが、まだ20種類くらいしか出来ません。意外に、出来そうで出来ないかぶり方も多いのです。

古い世代の方ならお馴染みの「水戸黄門」に出てくる「うっかり八兵衛」を演じられた高橋元太郎さんに、ある時お話をする機会がありました。「あの八兵衛のかぶり方がどうしても出来ないのですが、教えていただけませんか？」。すると元太郎さんはニッコリ笑って、「あれは、撮影所の人がああいう形に作ったものを乗せているのですよ」とのことでした。

なるほど、時々お祭りの現場でも、針金を入れたり、テープで止めたりする人がいますから、その類だと理解しました。

「現代の新しい手ぬぐいのかぶり方」というのも、まだまだこれから発案されるかも知れませんね。楽しみです。

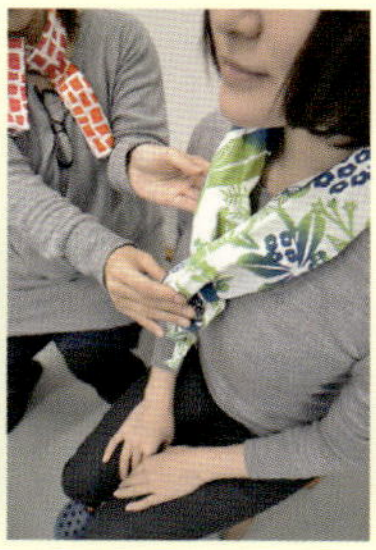

掃除の時や、旅先で陽射しがきつい時などに手ぬぐいのかぶり方を知っていると役立ちます。いろいろなかぶり方を試してみましょう

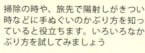

手ぬぐいクラスタインタビュー

カリスマ手ぬぐいブロガー オリジナル作品も大人気

服部 ユミさん

ブログやオリジナル手ぬぐいが手ぬぐいクラスタに厚く支持されている服部さん。手ぬぐいへのあふれる愛を語ってもらった。

ハンドタオル派から手ぬぐい派に

私は元々はハンドタオル派だったんです。でも、2010年の夏、海外旅行に行く時に、ハンドタオルだとかさばるなと思って、何気なく2～3枚持っていた手ぬぐいを持って行ったんですね。そうしたら、これが思いの外役立って。暑いソウルで、汗を拭いたり、日焼け防止に首に巻いたり。濡れてもすぐに乾くし、手ぬぐいの良さを実感しました。

手ぬぐいを買いに行くと、私の好きな北欧モチーフというかテキスタイルっぽいデザインのものが結構多かったんです。それで、少しずつ集めるようになっていきました。

手ぬぐいが買えるところをネットでいろいろ調べているうちに、住さん（P6）のブログにたどりついたんです。先輩手ぬぐいコレクターである住さんのブログで、手ぬぐいってオリジナルが作れるんだ、ということを知って、東京和晒の手拭実染塾にも参加しました。ただ、その時は染めを体験しただけです。私は絵心がないのでデザインはできないと思っていて、型紙教室には手を出しませんでした。でも、染める手順や注染手ぬぐいのことを知ることができたので、いつかオリジナルを作りたいなとは思っていましたね。

好きなもの×好きなもの

オリジナル手ぬぐいを初めて作ったのは2012年の秋です。私には手ぬぐいのほかにも2つ大好きな趣味があって、それぞれの趣味にちなんだ手ぬぐいを、時期は少しずれますが、作っ

手芸店などで購入できる持ち手に
あずま袋を結べば肩掛けバッグに

プレゼントすると喜ばれるというポーチ

同じ型紙で作った手ぬぐいも、
色が違うだけで表情多彩

てみました。好きな趣味と好きな手ぬぐいを掛け合わせてオリジナル作品が作れるって楽しいですよね。

ただ、注染手ぬぐいは1回の発注で100枚作らないといけないので、10枚くらいは自分で楽しんで使えるにしても、残りの90枚をどうしようかなと悩んだんです。でも、ネットに「販売しますので、ほしい方はメッセージをください」と書いたら、24時間経たないうちに全部売れてしまって。手ぬぐい好きな人だけじゃなく、私と同じ趣味をもつ人が手ぬぐいにはあまり興味がなくても買ってくれたりしたんですね。その人にとってそれが初めての手ぬぐいになり、それから手ぬぐいを使うようになってくれたりもして、そういうのが本当に嬉しいです。

大好きな趣味の一つはラグビーです。私は平日は会社勤めのOLですが、週末はフリーランスの写真家として活動していて、社会人ラグビーチームのオフィシャルカメラマンを務めているんです。もう一つの趣味は、秘密です(笑)。

販売には インターネットをフル活用

オリジナル作品の格子柄の手ぬぐいには、2枚の型を使って染める「細川染め」という技法が使われています。高度な技術なので、どこでも染めてくれるわけではなくて困っていたら、なんと手ぬぐい屋さんのほうから「うちで染めませんか」と名乗り出てくれました。ネット経由で連絡がきたんです。

私はデザインソフトを使えないので、この格子柄はエクセルで作ったんですが、その手ぬぐい屋さんがデータの修正もしてくれました。すごく親切でありがたいですね。

そんなわけで染めの発注先も確保できましたし、せっかく格子柄の型紙を作ったので、その費用を回収するためにも（笑）、色違いをたくさん作っています。この色を決めるのにも、ネットを活用しています。まず色の募集をして、集まったアイデアの中から、次は「どの色の手ぬぐいだったらほしいですか？」と投票してもらうんです。上位になった色の組み合わせだけを作るので、ローリスクですよね。おかげさまで、いつも24時間以内に完売になるような状況です。

私は作家さんではないので、在庫を抱えたくはありませんし、いつも小ロットで、売り切ってから次を作ります。在庫がないと急なイベントの誘いには応じられなかったりするんですが、私は手ぬぐい好きな人たちとキャッキャッと楽しめればそれでいいので。

でも、私たちがずっとキャッキャッ

服部さんがさしているのがお年賀手ぬぐい日傘。
左は購入した手ぬぐいで作成

トートバッグは
リバーシブルで
使用できる

ブログ＆ネットショップ「てぬログ」
http://kamariyan.cocolog-nifty.com/tenublog/

と楽しむためには、できるだけたくさんの人が手ぬぐいをカジュアルに使ってくれる必要があるんですよね。使う人が少ないと、布自体が作られなくなってしまいますし、値段も高くなってしまいます。

　だから私は、いろんな機会に「手ぬぐいはいいよ！」と言い続けていますし、オリジナル手ぬぐいの値段もできるだけ低く抑えています。私のブログやオリジナル手ぬぐいが、みんなが手ぬぐいを使い始めるきっかけになってくれるといいなぁと思いますね。

手ぬぐいの使い方

　手ぬぐいクラスタの人たちの中には、できるだけ手ぬぐいは切らずに使いたいという人が多いです。確かに、材料の布として考えると手ぬぐいはすごく割高になってしまうので、その気持ちはよくわかります。

　ただ私は反物で発注していて、必ず端切れが出ますし、とにかく布がたくさんあって使わないほうがもったいないと思うので、手ぬぐいを材料に使った縫い物作品もいろいろ作っています。母が洋裁ができるので、私も手伝いはしますが、基本的に縫い物は母担当ですね（笑）。

　友だちに喜ばれたのは、ポーチかな。いつもマスクを使っている友だちがマスクポーチをほしがっていたので、作ってプレゼントしたら、とても喜んでくれました。私はマスクは使わないんですが、通帳を入れて使っていますね。なかなか便利なサイズなんです。

　会社のお年賀手ぬぐいがたくさん余っていたので、キットを使って日傘も作ってみました。UV加工はしていないからあまり意味がないかもしれないんですけど、毎日使えるのがいいなと思います。

取材時には秘密の趣味についても熱く語ってくれた服部さん。誌面で紹介できないのが残念！ぜひイベントなどでご本人から直接聞いてほしい

手ぬぐいクラスタインタビュー

手ぬぐい蒐集歴20年 1000枚超えのコレクション

佐々木 麻由美さん

取材でお邪魔したご自宅は、手ぬぐい以外にもかわいいものでいっぱい。取材陣一同、「カワイイ！」「素敵！」の連続だった。そんな趣味人の佐々木さんに、手ぬぐいの収納方法や使い方を教えてもらった。

10代の頃から手ぬぐいを愛用

20年ぐらい前に何かの雑誌で、あえて今、手ぬぐいがいい、みたいな記事を読んだんです。使い込むとクタクタになって肌触りがいいし、ハンカチよりも大きくて水を吸うし、便利ですよ、というような内容でした。私は天邪鬼なところがあって、人と同じは嫌だと思うタイプなので、その記事を読んで、手ぬぐいっていいかも、と思い、少しずつ買い集めるようになったんです。

当時は「かまわぬ」さんくらいしか手ぬぐいを買えるところはなかったんですが、かわいい柄がいっぱいあるんだなって思いましたね。それまでは手ぬぐいというと白か紺、あるいはお祭りで使うというイメージでしたが、かわいいし、使ってみると本当に便利だし、それでちょくちょく買っては大事に使うようになりました。

1日1枚、ツイッターに投稿

買ったまま使っていない手ぬぐいも増えてきて、そのまま置いておくと劣化するし、日の目を見ないのは手ぬぐいもかわいそうだと思って、4年前くらいから1日1枚、「今日の手ぬぐい」

寝室の壁に飾られた手ぬぐい。右側にあるのは、佐々木さんが一緒に暮らす愛猫のためのキャットタワー

リビングの壁には横と縦、2枚の手ぬぐいを額縁に入れて飾っている。この日は鳥モチーフのもので統一。Macのモニターに掛けてあるのは、佐々木さんお気に入りの"かたばみ"

Twitter：@mayu1117

東京スカイツリーが徐々に完成していく様子と猫をモチーフにしたレアな手ぬぐい

として、手ぬぐいの写真をツイッターに掲載するようになりました。1枚ずつ開けては写真を撮り、その際に必ず水通しもしています。

当初は、他の手ぬぐい好きな人たちとの交流は考えておらず、ただ自分の記録と、毎日投稿することで親しい友人たちが私の生存確認ができるかな、みたいな感じだったんですが（笑）、続けているうちに、服部さん（P82）とか、手ぬぐいで盛り上がっている人たちとの繋がりができてきて、そうなると、また加速度的に買う手ぬぐいが増えていくという恐ろしい状況になってしまいました（笑）。

増え続ける手ぬぐいの収納方法

最初はカゴに入れたりしていたんですが、だんだんカゴを増やしても追いつかなくなってきて、次はトランク、さらに次は3段の棚とか、徐々に大きくしていっても、やはり追いつかず（笑）。最終的には、本棚の本を処分して手ぬぐいの収納場所にしました。本棚全部というつもりではなかったんですが、結局、一棹が手ぬぐいで埋まってしまいました。

使う時には、その日の気分や季節によって柄を選びたいので、柄ごとに分類して、すぐに取り出せるようにしています。

手ぬぐいの使い方

端切れが手に入った時などは手芸もしますが、私は手ぬぐいはなるべくハサミを入れずに、そのまま使いたいと思っています。

ハンカチを持っていないので、手を拭くのはすべて手ぬぐいですね。毎日バッグに2～3枚は入れています。会社でお昼を食べる時にランチョンマットとしても使えますし。

手ぬぐいを集め始めた頃は、お金もあまりなかったので、厳選して買った20枚くらいをローテーションで大事に使っていました。もう本当に薄ーくなって、穴が空いてしまったものもあります。そうすると、刻んで何か作ったり。

今は枚数が多いので、そこまで手ぬぐいが傷むことはなくなりました。部屋の掃除をする時に汗止めとして頭に巻いたり、首に巻いたり、外出する時に帽子に巻いてみたり、反物売りで長さを買えたものはストールにしたり、何にでも手ぬぐいを使っていますね。ストールは本当に便利で、暑いところに旅行した時など、それで汗も拭ける

本棚にぎっしりと積まれた
1000枚コレクション！

トイレの正面に飾られているのも手ぬぐい。タオル掛けの手ぬぐいと柄を合わせてあり、お洒落

のれんはクリップで留めてあるだけなので、簡単に模様替えできる

し、ホテルで夜に洗っておけば翌朝には乾くし、すごく重宝しました。

昔は、絵手ぬぐいはほとんど持っていなかったんですが、この部屋で一人暮らしをするようになってから、インテリア用に買うようになりました。季節に合わせて、割と頻繁に取り替えて楽しんでいます。額に入れて飾っていた手ぬぐいを、遊びに来た親が「素敵ね」とか言って持って帰ってしまったこともありました（笑）。実家でも、それ以降、手ぬぐいを飾って楽しむようになったみたいです。

特別な手ぬぐい

つい買ってしまうのは、好きな緑色の柄のもの、猫モチーフのもの、小鳥モチーフのものなどでしょうか。そこでしか買えないご当地ものにも弱いですね。

私はネットで買うのはあまり好きではなくて、なるべく手に取って、対面で買いたいと思っているんです。だから、作家さんのイベント情報が入ると、出かけていくようにしています。作家さんの手ぬぐいは、それぞれに世界観があって魅力的ですし、作ったご本人から直接買うと、柄に対する思いだったり、どの作業が大変だったかとか、その手ぬぐいにまつわる物語を聞けたりしますよね。そうすると、使う時にその話を思い出して、より愛着が湧いたりします。

昔から好きなのは、「かまわぬ」さんの〝かたばみ〟です。先程お話しした、穴が空いてしまった手ぬぐいも、ストールにして重宝しているのも〝かたばみ〟で、これはもう何回も買って、何代目にもなっていますね。何か大事なことがある日には、お守り代わりに〝かたばみ〟の手ぬぐいを持って行ったりもします。

１０００枚記念に オリジナルを

完成品を選ぶ楽しみというのもあるので、私自身はクリエイターを目指してはいません。でも、クラスタさんもオリジナル作品を皆さん作っていますし、私もコレクションが１０００枚になった記念に作りたいな、とは思っているんです。デザイン案もすでにあって。ただ、ツイッターで１０００枚目をアップした頃は、すごく忙しかったんですよね（笑）。でも、１０００枚超えた記念に、近々、作ると思います。

Column

手ぬぐいの育て方

「この、ほつれた糸はどうすればいいの？」「洗い方は？」
意外に戸惑う手ぬぐいの扱い方、お手入れ方法を知りましょう。

手ぬぐいを使う前に

まずは、桶などに水を溜め、たっぷりの水で一度手ぬぐいを洗ってください。

お湯や石けんは使わず、水だけで手洗いすればOKです。一度、水通しをすることで、購入時の折り目が取れますし、万一、注染の工程で使用する砂やおが屑が残っていた場合にも落とすことができます。

水で手洗いした手ぬぐいは、すぐに軽く絞り、形を整えて干してください。

使用後の洗濯方法

使い始めの数回は、色落ちする可能性がありますので、使用前の水通しと同様、その手ぬぐい単独での手洗いが無難です。色落ちを少なく、手ぬぐいを長持ちさせるためには、お湯や石けんは使わず、水で洗ってください。

とはいえ、手洗いが面倒で手ぬぐいを使わなくなってしまっては本末転倒です。色落ちが落ち着いた後の手ぬぐいは、洗濯機で洗ってしまってもいいでしょう。その際は、ネットに入れることをおすすめします。また、念のため、色移りが心配なものと一緒に洗うのは避けてください。

手ぬぐいは何度も水を通すうちに、だんだん手触りが柔らかくなっていきます。この変化も手ぬぐいを育てる楽しみの一つです。

端がほつれてきたら

手ぬぐいは切りっぱなしの一枚の布なので、端の糸がほつれてきます。ほつれた部分の糸だけを、ハサミなどで切ってください。繰り返す内に、端は縦糸だけのフリンジ状になり、ほつれは止まります。

手ぬぐいが切りっぱなしなのは、端を折り返して縫うよりも衛生的だからです。縫い目に雑菌がたまりませんし、早く乾きます。また昔は、怪我をしたときに包帯代わりにしたり、下駄の鼻緒が切れたときに代用したりと、簡単に手ぬぐいを裂けるようにとの意味合いもあったようです。

ほつれた部分の糸だけを切りましょう

端から5ミリくらいでほつれは止まります

江戸時代から継承される
庶民の芸術品

ヴィンテージ
手ぬぐい
の世界

日本随一の手ぬぐいコレクター・豊田満夫さんのコレクション約１万点から選りすぐりの手ぬぐいを紹介します。

協力：豊田コレクション意匠研究所

挨拶・広報・記念

挨拶・広報・記念手ぬぐいには、そのデザインに特定の意味が隠されていたり、名もなき発案者の頓智（とんち）や遊び心が埋め込まれている絶妙な意匠のものが数多い。絵で示された謎解きもの（判じ絵・判じ物）や、特別な事情で作成された手ぬぐいがいろいろとある。

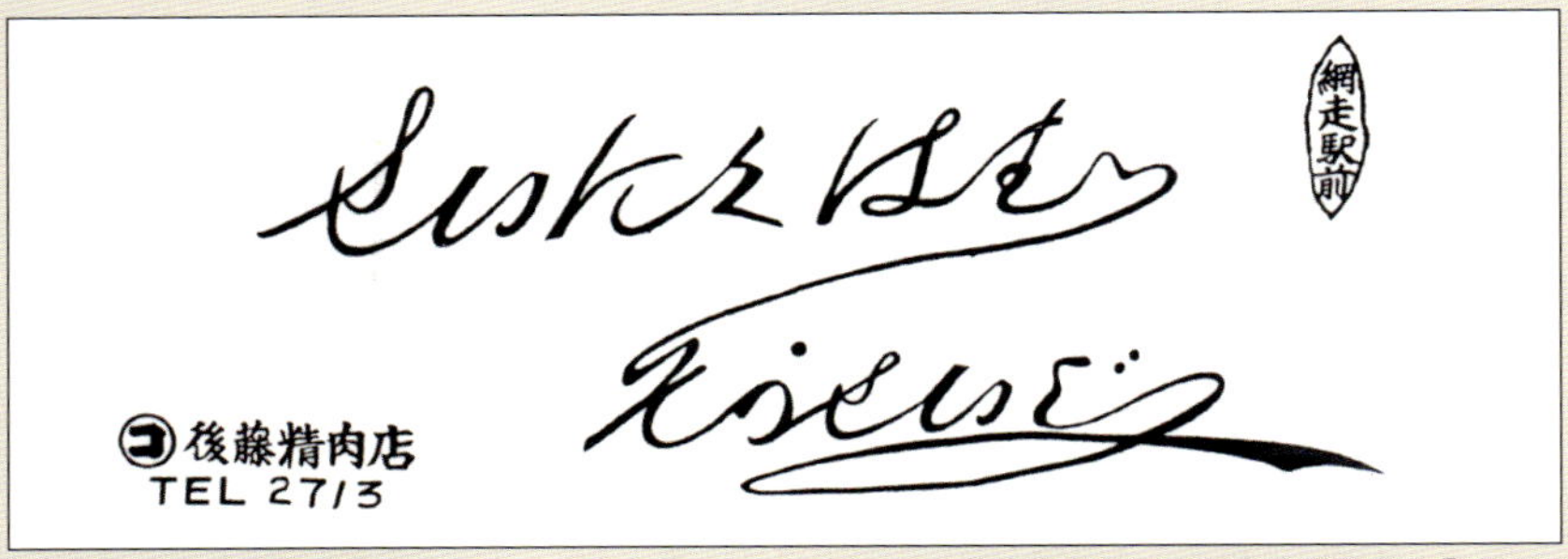

網走駅前　後藤精肉店
・昭和中期

一見アルファベットの筆記体だが、実はひらがなで「せいにくはむそうせいじ」と書かれている。

酒、食料品、文字絵散らし
・昭和中期

パイプの形に「TABACO」ジョッキ形に「Beer」丸缶に「のり」など商品を洒落たデザインの文字絵で表している。江戸時代に好まれた文字絵を現代の装いで受け継ぐ好例。

丸石の自転車
行田市　落合自転車店
・昭和中期

「タバコを吸いながら楽々富士山にも登れる」というユーモラスな絵柄の自転車店の手ぬぐい。

Peace　御進物にたばこ
・昭和中期

専売公社時代のタバコ広告用の手ぬぐい。かつては御進物によくタバコが使われた。

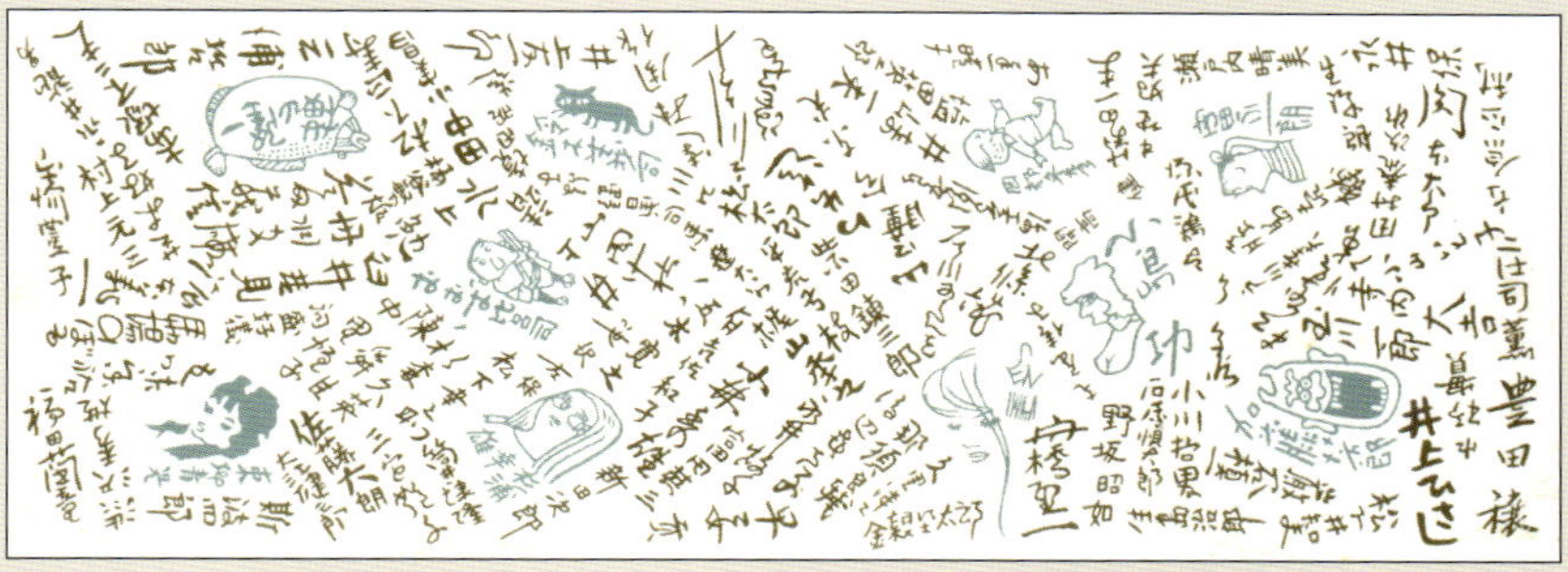

作家漫画家サイン手ぬぐい
・昭和中期
作家、漫画家のサイン、イラストを散らした意匠。庄司薫、井上ひさし、野坂昭如、船橋聖一、小林秀雄、大江健三郎、山﨑豊子、横山隆二、東郷青児、馬場のぼる、赤塚不二雄、小島功ほか。

繭副蚕糸生糸真綿　桝沢商店
・昭和中期
紺に白あげで、成虫、繭、糸かせ、糸巻き。岡谷市の商店。

木村屋
・昭和初期
銀座に店舗を構えるパンの老舗、木村屋の手ぬぐい。手ぬぐい本来の藍色、ねずみ色を使い、軽い線描でモダンな雰囲気に仕上げている。当時の電話番号はたった3ケタであった。

呉服町　三河屋
・昭和中期
天に丸に久の字印を染めたのれん、下部は行儀あられ地に着物姿の人物の略画、店名の看板。細かな表現の差し分け。

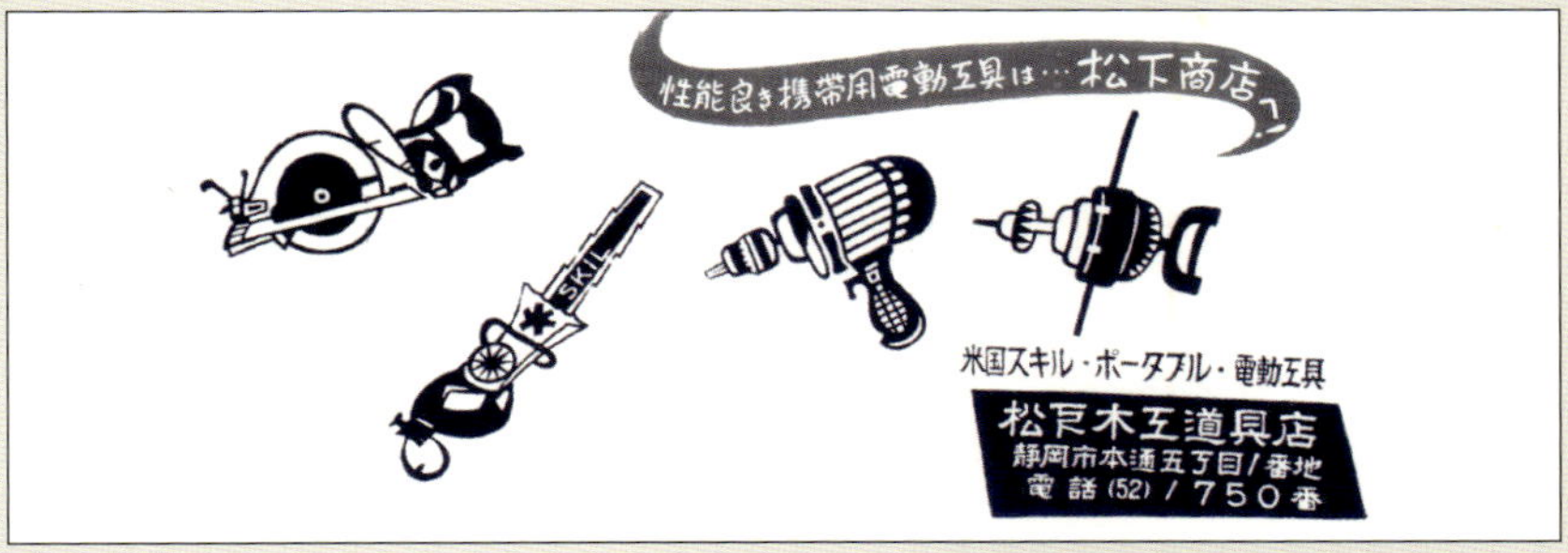

松下木工道具店
・昭和中期
各種電動工具の図。「性能良き携帯用電動工具は…松下商店へ！」のキャッチコピー。静岡市の木工道具店。

マツムラ食料品店

・昭和中期

ブドウとメロン、サクランボの果物図。FResh FRuits Matumuraと染め上げている。行田市の店。

でんつう

・昭和中期

広告代理店電通の手ぬぐい。昭和20年代にニュース速報の主力だった電光ニュースにちなみ、電光掲示板を模様に生かしている。

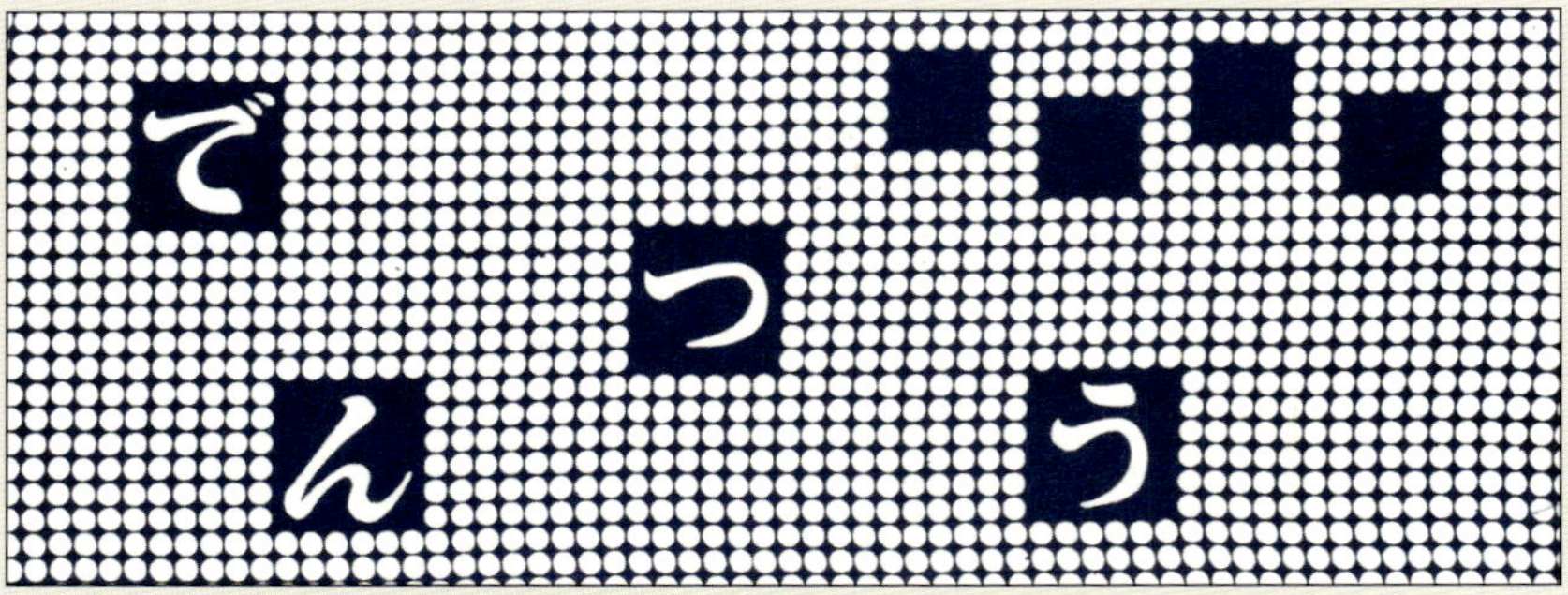

朝日新聞
TOKYO OLYMPIC 1964

・昭和39年

各種スポーツの人物像を差し分けで染め出す。1964年東京オリンピック時の手ぬぐい。

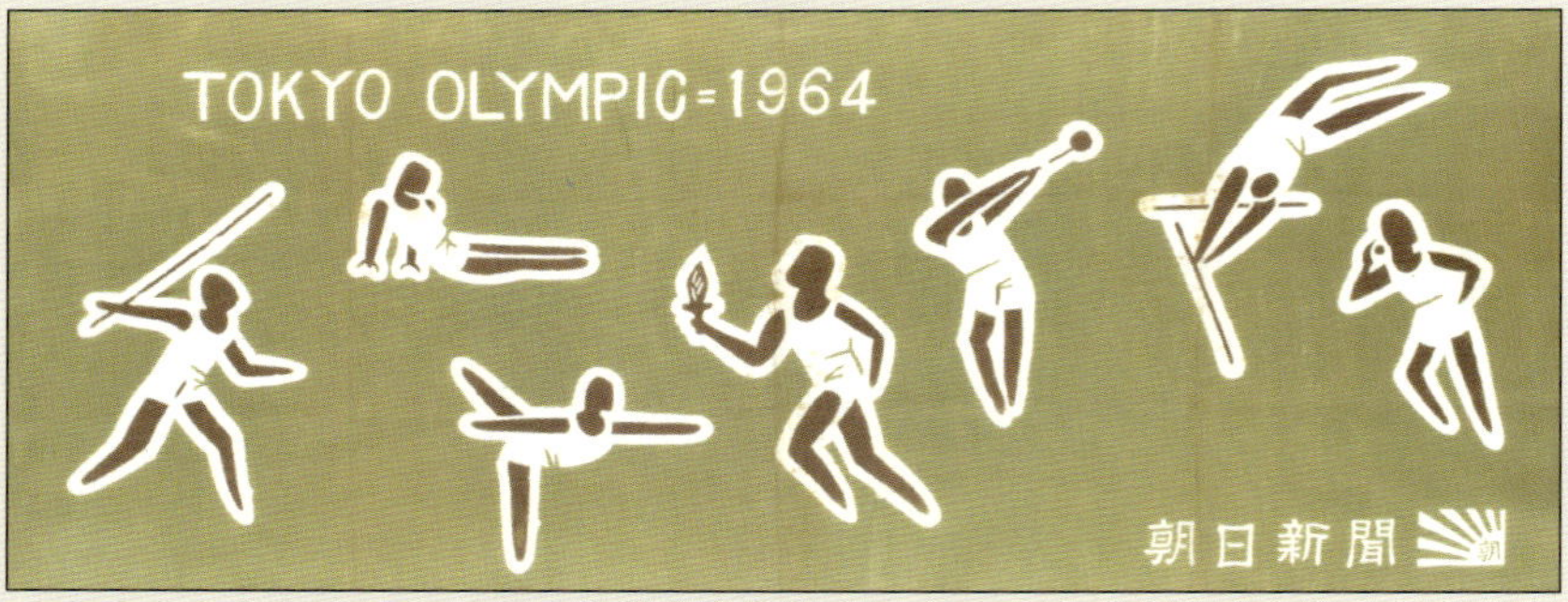

百五銀行桑名支店

・昭和初期

百、五の文字を、桑名にちなむハマグリ型に形取り散らす。

第一勧業銀行

・昭和後期

当時第一勧業銀行がイメージデザインに起用していたフランスの画家、レイモン・ペイネのイラストによる。

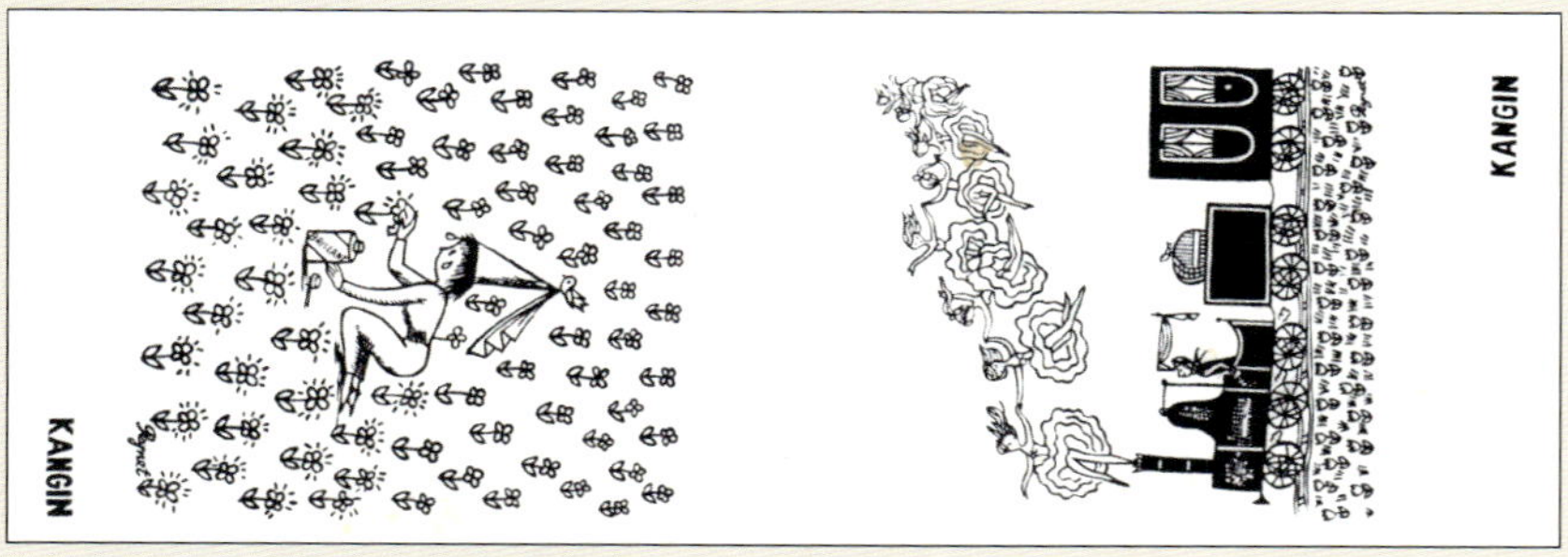

「オリンピックへぼくらの代表選手を」ライオンはみがき

・昭和中期

ライオンはみがきがスポンサーとなって記念に配られたもの。

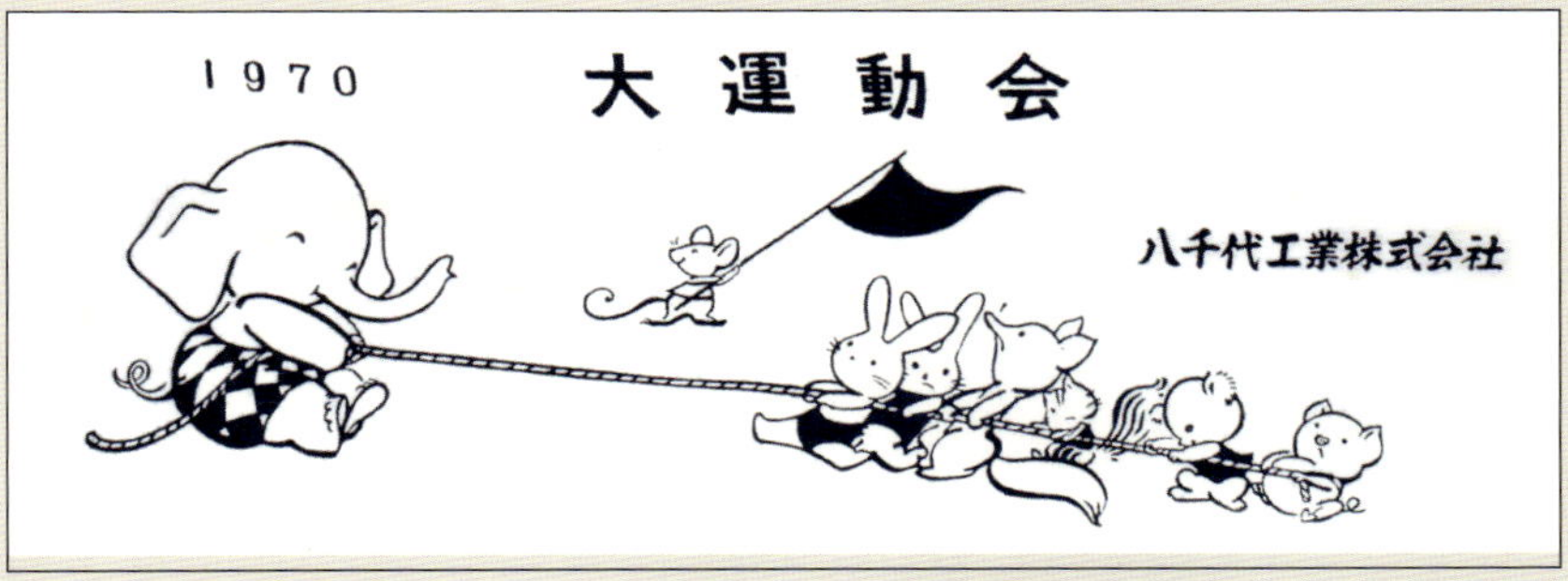

大運動会
八千代工業株式会社

・昭和45年

会社の運動会に参加賞として出されたもの。

花王石鹸東京工場旅行記念

・昭和33年

昭和33年9月2日熱海旅行記念に作成配布された手ぬぐい。

KCC（神戸カントリークラブ）

・大正14年（1925）

神戸カントリークラブは、明治34年、神戸在住の英国人とその友人たちによって作られた4ホールのゴルフコースにはじまり、同36年に9ホールに発展して創立された日本最古のゴルフ場。

ブリヂストンタイヤ
「日本意外史の内　かぐや姫」

・昭和中期

かぐや姫の車がブリヂストンのタイヤになっている。

株式会社　服部時計店

・昭和初期

服部時計店（現セイコーホールディングス株式会社）の昭和7年に建てられた時計塔のあるビル（現和光）はモダン銀座のシンボル的存在だった。その雰囲気そのままに、文字盤に時計にちなむ向日葵の花をあしらったデザイン。

ハレー彗星現はる

・明治43年5月（復刻版）昭和後期

明治43年製作の手ぬぐいの復刻版。ハレー彗星は約76年周期で地球に接近する彗星で、前々回は明治43年（1910）、前回は昭和61年（1986）だった。

幻の東京オリンピック手ぬぐい

・昭和11年頃

1936年に、1940年開催予定の第12回夏季オリンピックの開催地が東京に決定した。その前祝い的に作られたものであろう。しかし日中戦争激化のため日本は開催を辞退。オリンピックは中止となった。

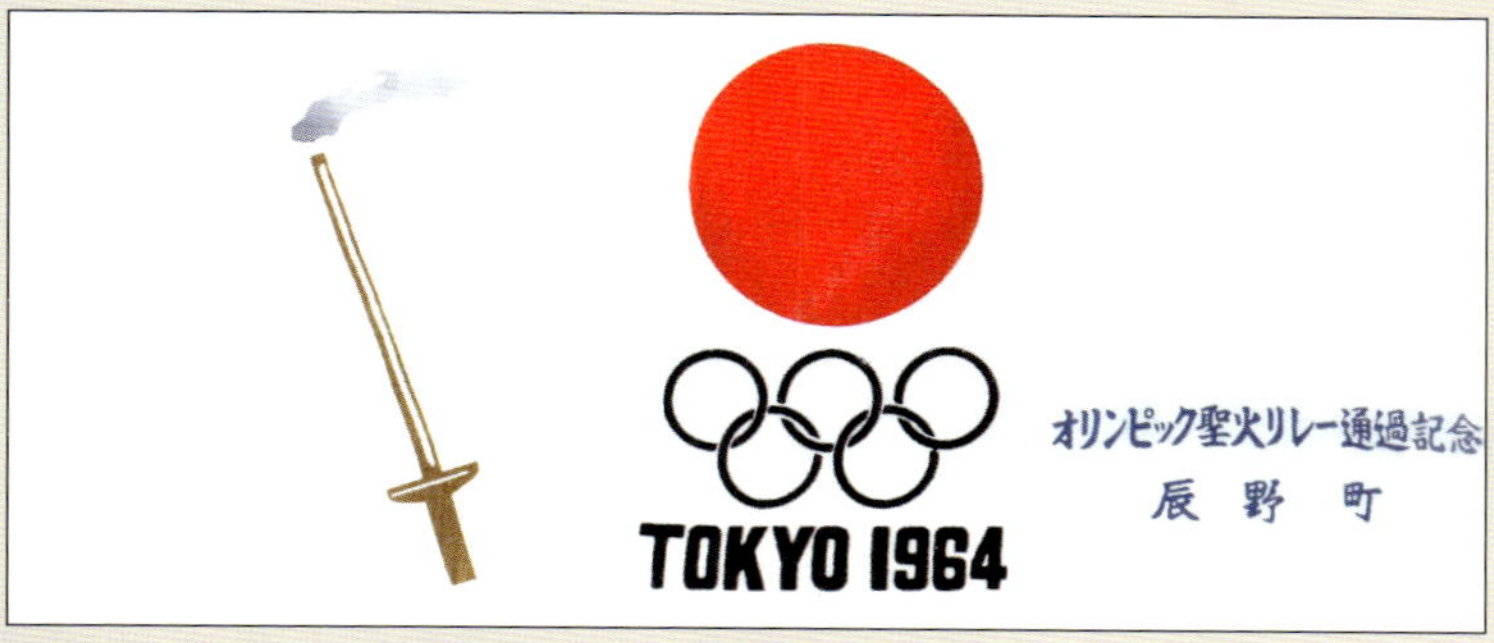

東京オリンピック聖火通過記念　辰野町

・昭和39年

1964年の第18回東京大会はアジアで初めて開催されたオリンピック。8月21日オリンピアで点火された聖火は、アジア各地を経て那覇に到着した後、全国を４つにわけたコースにてリレーされた。

HOLE IN ONE ゴルフ風景　クラブ葦

・昭和52年

ゴルファーなら一度はしてみたい「ホールインワン記念」にふさわしい柄の手ぬぐいである。

ぎんざ一休庵
・昭和中期

洒脱でシンプルなデザインの蕎麦屋の手ぬぐい。繊細に染めた蕎麦の線で店名を隠しているところに、東京人らしいハニカミが感じられる。

第3回運動会学習院幼稚園
・昭和40年

昭和38年（1963）4月に設立された学習院幼稚園の第3回運動会記念に作られた。太陽、花とうさぎの子どもがモチーフで、クレヨン画を下絵としている。現皇太子徳仁親王（当時の御称号は浩宮様）が在園中の時代でもあった。

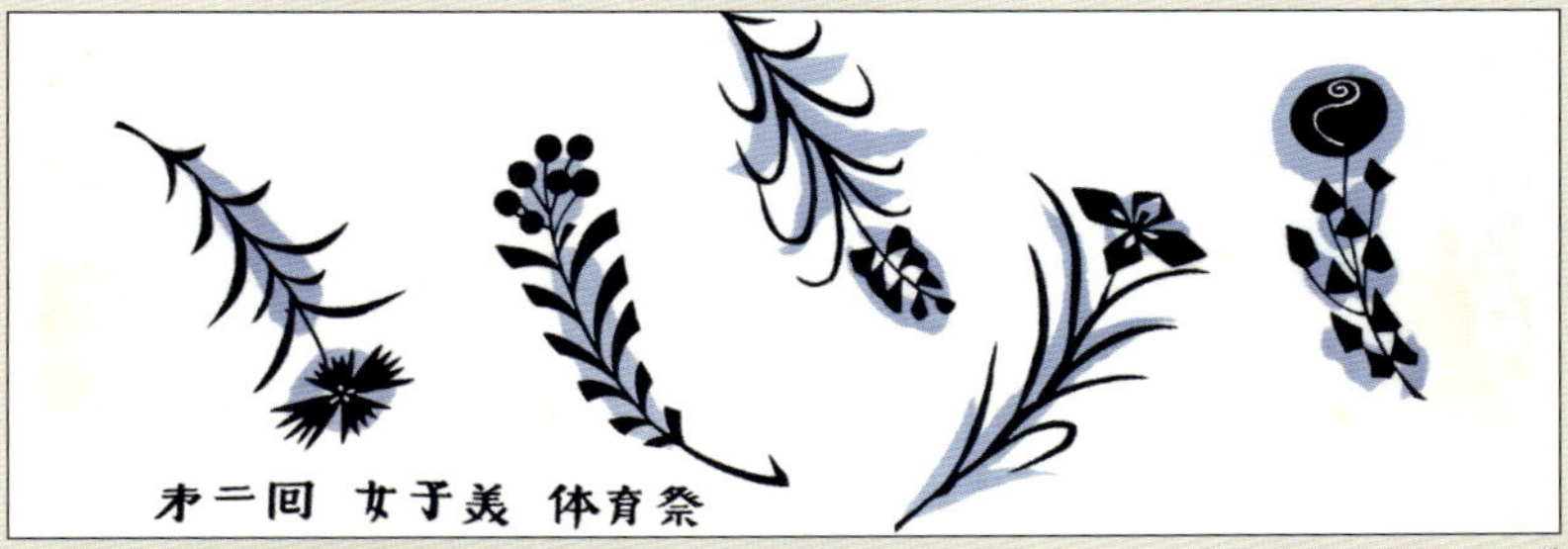

第二回女子美体育祭
・昭和中期

染織家・芹沢銈介調のデザイン。ハマリ細川で、さまざまな草花がモチーフとして使われている。芹沢氏は1951～1960年に女子美術大学で教鞭を執り、1956年に重要無形文化財「型絵染」保持者に認定された。女子美術大学では、今でも全国で唯一「注染」を教えている。

割箸問屋　浅草　箸市商店
・昭和中期

8本と4本の格子で「はし」。横筋は割り箸にちなみ、間を割っている。

桐陰会水泳部　1973　TOYU club
・昭和48年

浜辺に集ったメンバーのシルエット。櫓で漕ぐ和船のある海辺の光景も今では限られたところでしか見られない。

川奈ホテル
・昭和12,3年頃

伊東の川奈ホテルは昭和11年12月開業。モダンな雰囲気のこの手ぬぐいは宿泊客へのお土産用。川奈はゴルフコースで知られており、風景中にもプレイする人物が描かれている。

鏡餅　綿甚
・昭和中期
橙、海老、裏白などを添えた写実的な鏡餅の絵柄が、そのまま部屋飾りとなる、正月の配り手ぬぐい。

吉永小百合
・昭和40年頃
女優・吉永小百合が10代の頃の楽屋用配り手ぬぐい。サインに添えた名前にちなむ百合の花と、顔の絵は自筆イラストを写したもの。

Grand kabuki　Osaka New Kabuki Theatre
・昭和35年
大阪新歌舞伎座の建物図を中央に、歌右衛門の京鹿子道成寺、勘三郎の身代座禅の図を描く。Commemorating the Centennial of Japan-U.S. Amity and trade　とあり、1960年日米修好通称条約百周年記念の催しの際に製作されたものとわかる。

伊香保温泉
・昭和初期
美人の入浴する浴槽の水紋に「いかほ」の文字が隠されている。

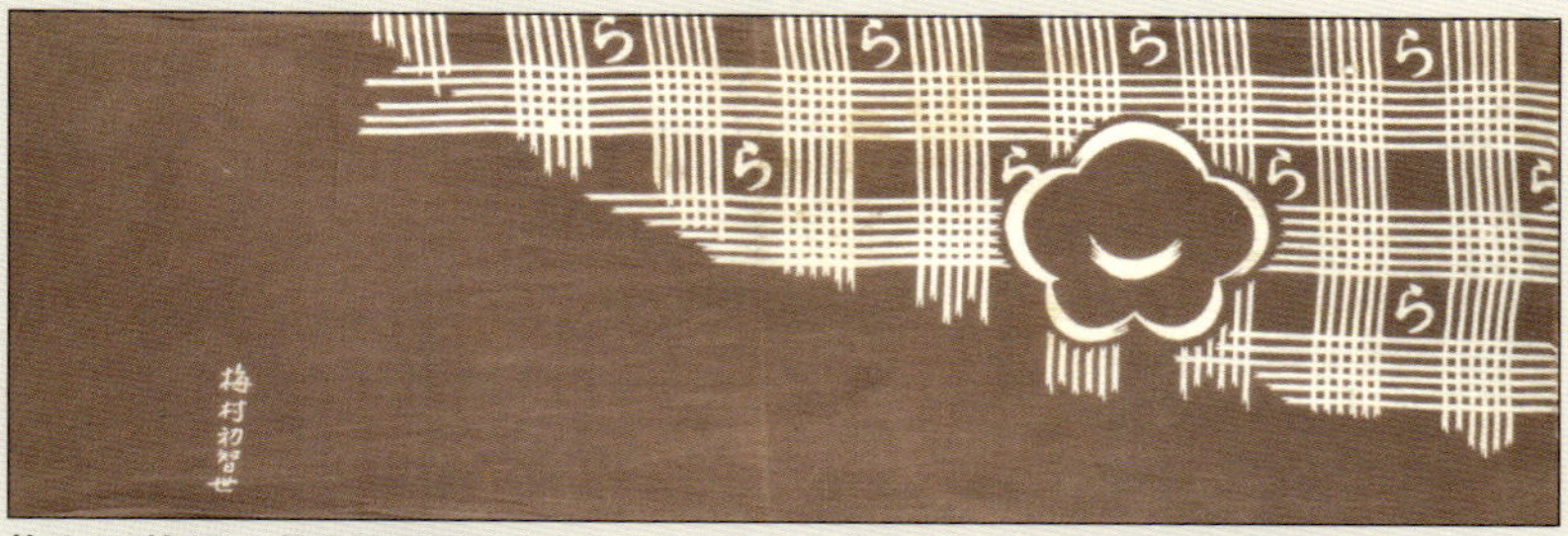

梅むら格子　梅村初智世
・昭和中期
梅に「ら」の字入り6本格子で「うめむら」と読ませる。

初代林家木久蔵
・昭和中期
落語家、初代林家木久蔵（現木久扇）の手ぬぐい。鞍馬天狗は木久蔵ファンだった故手塚治虫により描かれたもの。

大津絵

大津絵は滋賀県大津市で描き売りされた民画で、江戸初期に誕生した。当初は仏画だったが、元禄の頃から美人画、風姿画、男絵、役者絵、恵比寿、大黒などに変化していく。代表的なものは鬼絵と藤娘。鬼絵はひょうきんなしぐさや表情で怖さを感じない。藤娘は笠をかぶり藤を担いだ姿が愛らしい。

槍持ち奴・昭和中期

挿絵画家・神保朋世の絵による。ふじや染。

瓢箪駒・昭和中期

「瓢箪から駒」をそのまま絵に。

鬼の寒念仏・昭和中期

鬼の寒念仏は子どもの夜泣きに効くとされた。

大津絵三題　株式会社大津・昭和中期

社名の大津にちなむ、大津絵の藤娘、弁慶、雷。

藤娘・昭和初期

大津絵の藤娘を手ぬぐいに写したもの。

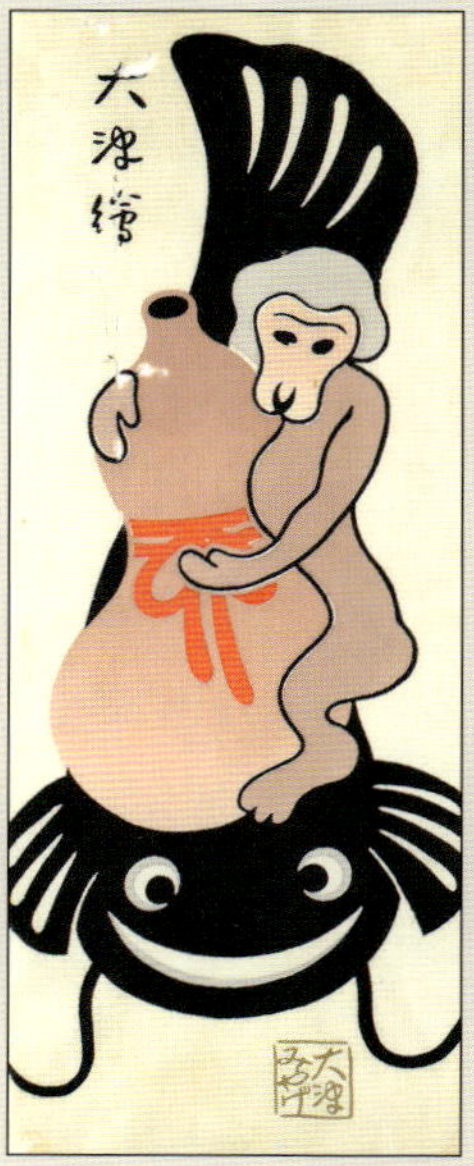

瓢箪鯰・昭和中期

猿が瓢箪で鯰をおさえようとしている。

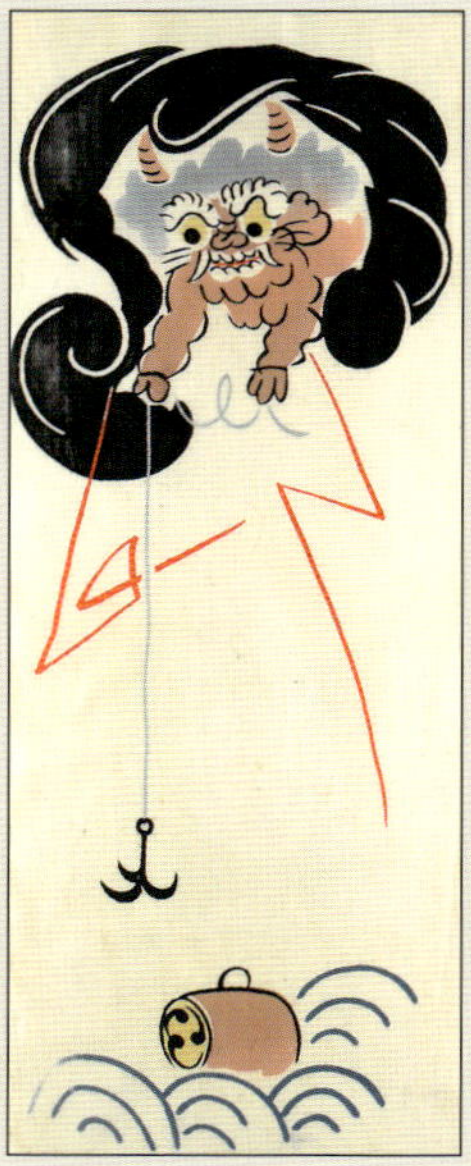

雷の太鼓釣・昭和中期

雷が落としてしまった太鼓をつり上げようとする。

お土産

昭和前期の観光客は、旅行の際の入浴用に使う手ぬぐいは各自が家から持って行った。そして帰る時に、旅館が客にお土産として手ぬぐいをプレゼントしていた。持ち帰られた手ぬぐいが近所で評判になることもままあったという。

温泉みやげ
・昭和初期
タイル張りの大浴場、美人たち。窓外に海の景色。

熊野詣
・昭和初期
沖の鯨たちも熊野詣にやってくるというユーモラスな図。昭和初期に挿絵や戯画で一世を風靡した画家・田中比佐良の意匠と思われる。

名物白根凧合戦
・昭和初期
武者絵の大凧の対決。新潟の白根大凧合戦の風景。

伊豆大島登山記念
・昭和8年
椿を手にしたアンコさんに手綱を引かれて三原山登山。

柴を担う大原女・昭和中期
柴を頭上に乗せた大原女と紅葉の大原の風景。

友禅流し
皆川月華
東山工芸
美術手ぬぐい
・昭和初期
友禅流しの風景。染色作家・皆川月華原画による。

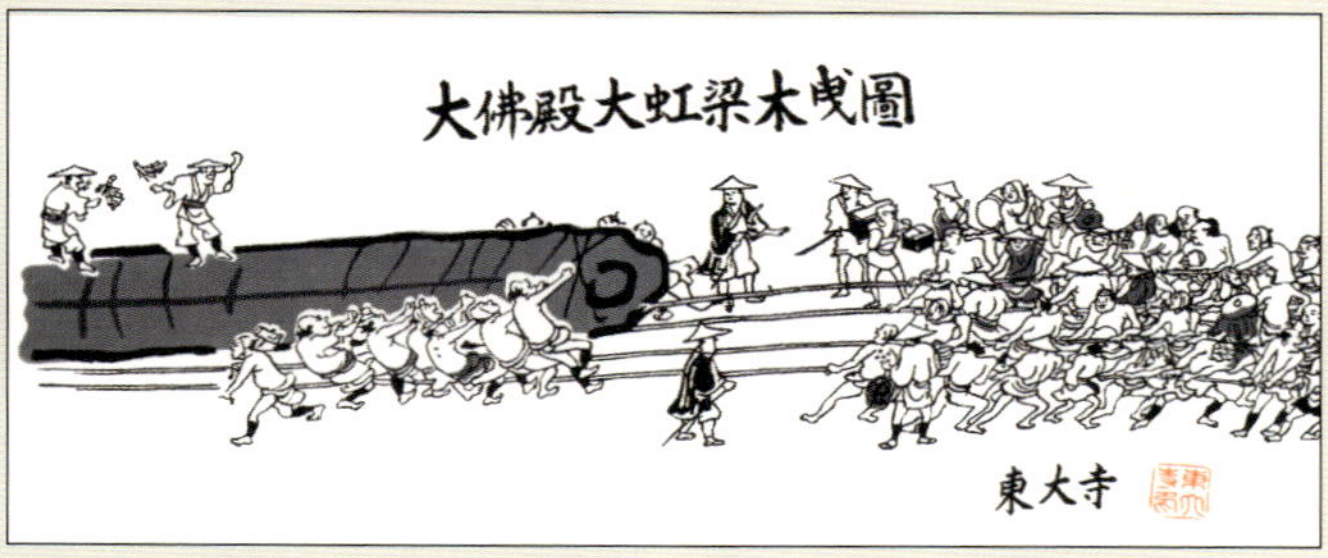

大仏殿大虹梁木曳図　東大寺
・昭和中期
江戸時代の木曳の風景。

人物

映画や演劇の世界では「どんな名優も子どもと動物には勝てない」という定説があるとか。手ぬぐいの絵柄にも子どもの愛らしい仕草や表情を描いたものは少なくない。「夜店」は子供の遊びシリーズ（全17柄）の一本で、金魚すくいや綿あめなど、楽しさが伝わってくる秀作。「思いで多き大正12年9月1日」は関東大震災の様子を描き防災意識を高めようとしたもの。いかに手ぬぐいが日常生活に密着していたかが分かる。

「思いで多き大正12年9月1日」
井上文化店製・昭和初期
標語を掲げ、震災当時の情景を描いている。

夜店　梨園染め　戸田屋製
・昭和29年頃
戦後復興間もない時期に製作されたもの。

子どもの遊び　笹舟、子をとろ子とろ
・昭和中期
戸田屋商店で製作された「子どもの遊び」シリーズの一つ。

雨降りの子どもとかたつむり
・昭和中期
降ってきた雨に手を広げる、着物姿の少年、少女と、大きなかたつむり。

駅馬車・不明
漫画家・横山隆一（1909〜2001）による。

物

江戸期の山東京伝が主催した「たなくひあはせ」の頃から、物の一部を描いて全体像を想像させる、職人の遊び心と技量が光る手ぬぐいがある。「唐傘」は「たなくひあはせ」に出品された「なる滝音人」のオマージュ。骨組みで唐傘を連想させ、正体不明の紋所を入れてある。「だるま図」「大煙管」「雉車」も一部分を描くことで、絵柄に強烈なパンチ力を加えている。

大河端の柳と駕籠・昭和中期

柳の下に駕籠。空には半月、川向こうの人家に明かりが見える。

花手まり　金沢風物百選・昭和後期

切り絵作家・根布節郎の原画による。

だるま図・昭和29年

達磨大師の面影を残す、力強い表情。

唐傘・昭和中期　　地染まり一色で表現。

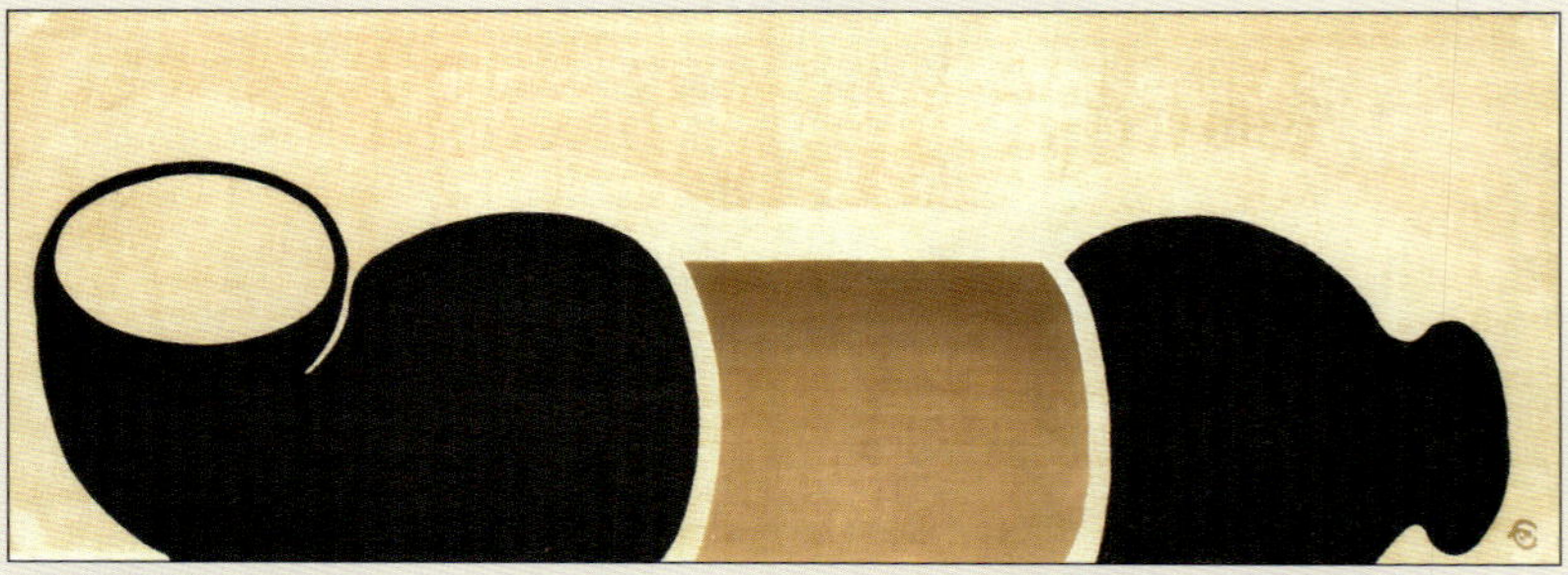

大煙管・昭和初期　　端をはみ出させた構図は大きさを強調している。

電車・平成　　福井紀子商店の文字がある。

雉車・昭和後期　　熊本県人吉の郷土玩具。

花

明治後期に産声をあげた注染技法の登場で、手ぬぐいはカラフルな絵柄が可能になる。その恩恵を一番受けたのは花柄かもしれない。自然界の中にあって人一倍、目を引く美しさが手ぬぐいの世界でも再現されたのだから。お中元に配られる手ぬぐいの絵柄は「アジサイ」や「アサガオ」が多い。夏の日中に手ぬぐいを広げれば、絵柄を見るだけでも気分は涼やかになる。

祇園夜桜図　三輪晁勢　東山工芸美術手ぬぐい・昭和中期
三輪晁勢（1901～1983）の原画。

あじさい　長田区役所・昭和中期
神戸市長田区役所の手ぬぐい。

秋海棠・昭和中期
戸田屋製。店員が自分用にした名入れ手ぬぐい。

丸に四季植物・昭和中期
多色差し分けで華やかに表現。

白梅図
・昭和後期
前進座の熊野隆二氏の絵による。個人の配り物用。

鳥・月

花と並んで鳥や月も日本人好みの絵柄だけに、手ぬぐいによく使われる。「鶴は千年、亀は万年」という言葉もあるように、とくに鶴は縁起物とされる。出産の報告に子どもの名前を入れて、挨拶に配ることも多かった。

竹に雀・昭和中期

細川染め。

「虫のこゑ」・昭和中期

秋草のシルエットの中に白上がりにした月と「虫のこゑ」の文字が見え隠れする。

二羽の真鶴

・昭和初期

羽根などを差し分けで巧みに表現。

雪中白鷺
舞踊手ぬぐい

・昭和後期

「鷺娘」にちなむ踊り手ぬぐい。清乃の名が入っている。

鶴　北澤楽天画　松屋製・昭和10年頃

漫画家・北沢楽天（1876～1955）による。

飛鶴・昭和中期

ガラス工芸家・岩田藤七（昭和55年没）により孫娘のために描かれたもの。踊り用。

魚

「黄河中流の竜門の急流を登った鯉は龍になる」という中国の伝説から立身出世を意味する鯉も庶民に好まれた絵柄だ。「鯉（悠境）」は大正から昭和初期に活動した趣味の手ぬぐい集団「美蘇芽会」で披露されたもの。シンプルな色使いながらも強烈な印象を与えるのはさすがだ。川端龍子の「波に踊る魚」や駒崎浩代の「大蛸」など、有名な作家が手がけたものもある。

魚略画・昭和初期

大きな魚の略画。「鮎をくふ下　すんでいる　水の音」。

鯉（悠境）　亀文　美蘇芽会　松山手拭店製・昭和2年か

昭和4年1月大連三越における展覧会写真に見える。昭和2年5月第26回作品絽手ぬぐい「悠境」か。

金魚・昭和初期

上縁に僅かに染まった青色が構図を引き締める。

カサゴ図・昭和後期

落款「武」は高橋武氏。

大蛸・昭和後期

駒崎浩代デザイン。

波に踊る魚　川端龍子
・昭和中期

日本画家・川端龍子（昭和41年没）の原画による。

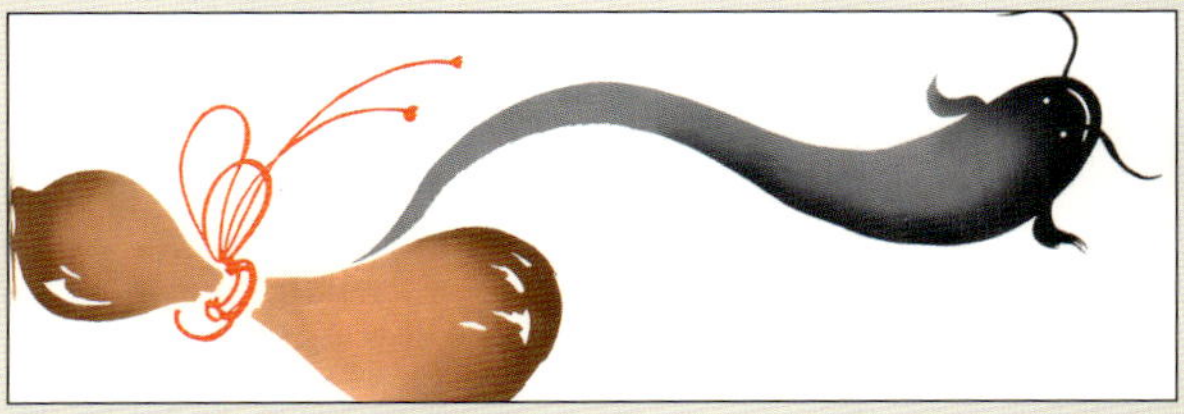

瓢箪なまず
・昭和中期

瓢箪でなまずを押さえるという禅の公案に由来する言葉（とらえどころのない様）を絵に。

野菜

八百屋が年始の配り手ぬぐいに用いた絵柄は、やっぱり野菜。大根、茄子、栗、胡瓜などが使われた。ちなみに、魚屋も同様で、魚の絵柄をよく用いた。分かりやすいと言えば、これ以上分かりやすいものもない。そんな野菜も武者小路実篤が描くと「野菜図」のように味わい深くなる。「苺」は折りたたんで布巾にもなるよう、中央で図柄を分ける工夫をしている。

栗
・昭和中期
こぼれた栗の実と、枝つきのいが。

扇面に青柿図
・昭和後期
扇面に青柿図と落款がある。

苺
・昭和中期
真ん中で切ることもできるデザイン。

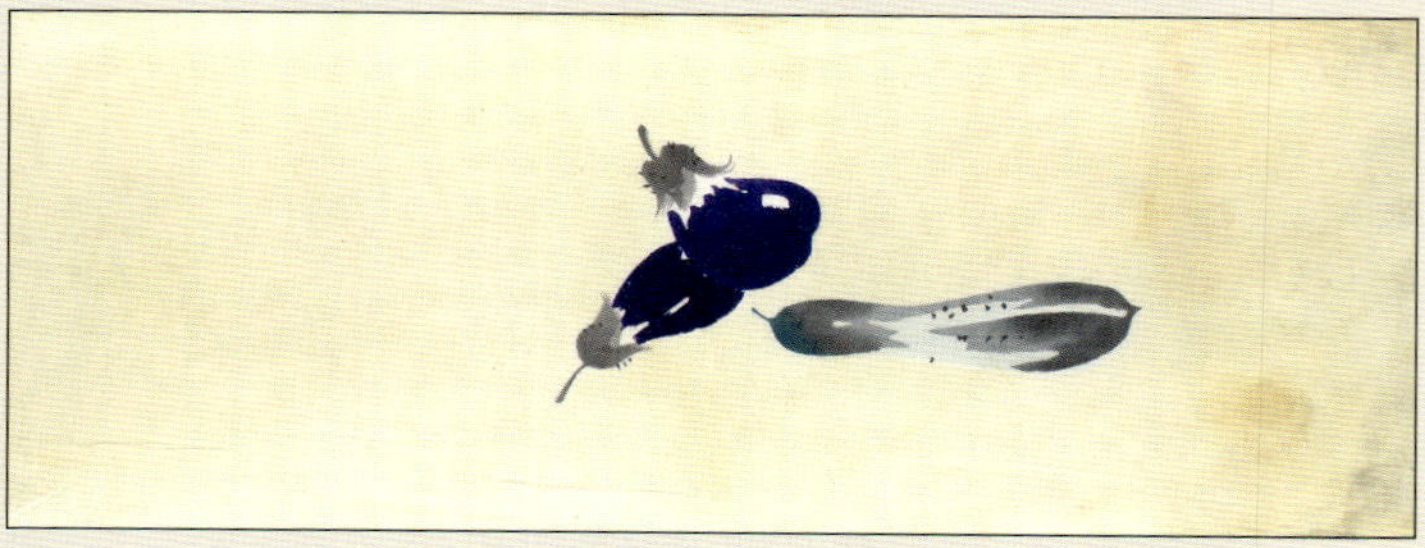

茄子と胡瓜
・昭和初期
俳画調に野菜図を染めている。

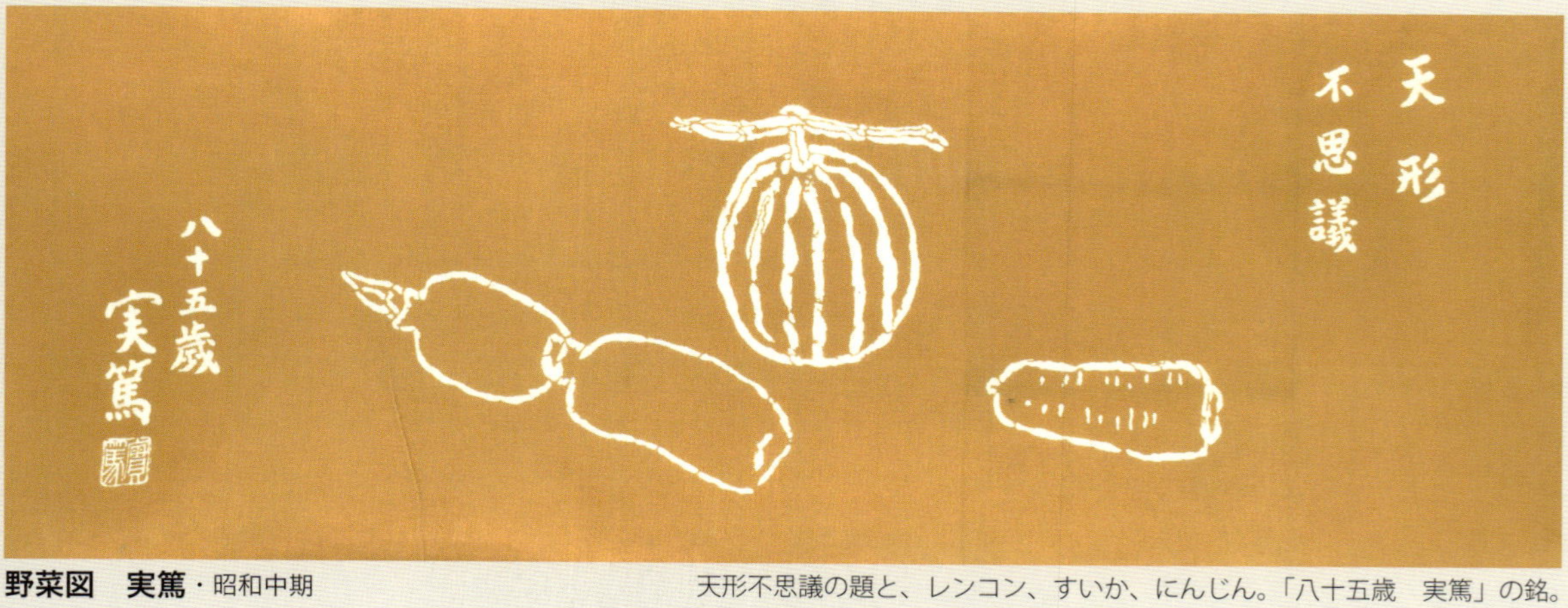

野菜図　実篤・昭和中期

天形不思議の題と、レンコン、すいか、にんじん。「八十五歳　実篤」の銘。

干支柄・縁起物

祝儀に配る手ぬぐいには柄の凝ったものも多く、にぎやかで見ているだけでも楽しくなる。かつては問屋筋や染工場が、こぞって各社の工夫を凝らした新柄（非売品）を年始に配っていたが、いつのまにかそういう習慣がなくなってしまったのは寂しい。鯛は「めでたい」にちなんで古くからよく使われるモチーフである。

鳥居敬一作　一二ヶ月文様手拭
祝鯛・昭和29年3月～30年2月

「しづをか祝だい」。中川一政、芹澤銈介に師事した、鳥井敬一創作手ぬぐいの頒布会作品。

立つ波に躍り鯛・平成

古典的な雰囲気の意匠。

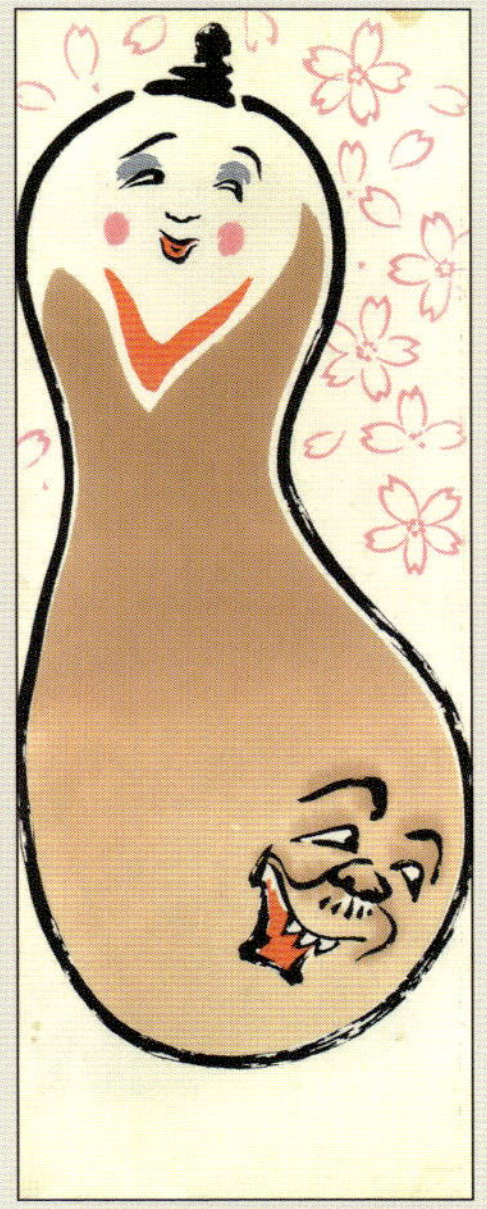

桜に大瓢箪・昭和初期

大きな瓢箪の上下に二つの顔。

大入・昭和中期

大入りの文字に招き猫。

干支手ぬぐい
巳　七福神
綿甚
・昭和中期

七福神が乗り合う、竜船ならぬ蛇形の船。ゆかたの会社・綿甚の配り物。金入り。

書き初め　初春・平成

注染のぼかしを活かし、筆書きの文字を表現。筆と文鎮も付いている。

寿に金魚・昭和中期

切り絵のような金魚と水草を白地一色で表現。

獅子舞・昭和初期

獅子を真上からのアングルでとらえた図案。美蘇芽会の作品か。

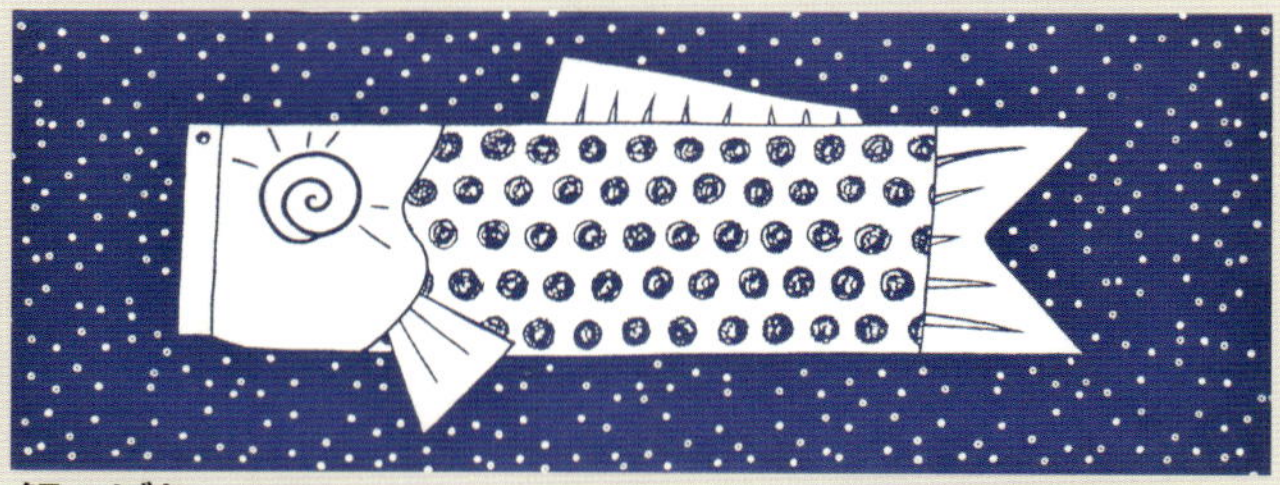

鯉のぼり・平成

鯉のぼりのイラストを地染まり一色で。

虎　東京和晒御年賀

・平成10年

寅年の御年賀手ぬぐい。

酉　東京和晒御年賀

・平成5年

酉年の御年賀手ぬぐい。

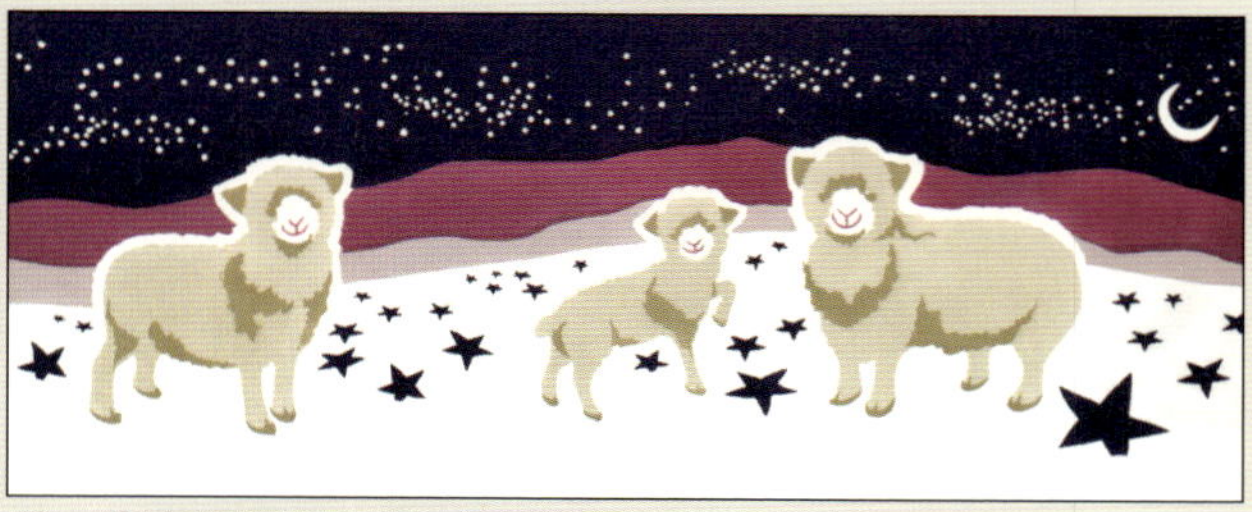

羊　東京和晒御年賀・平成15年

未年の御年賀手ぬぐい。

インタビュー

手ぬぐいを集めて半世紀。気付けば1万枚に！

豊田コレクション意匠研究所　**豊田満夫さん**

――東京和晒創造館3階に展示された豊田コレクションを拝見して、手ぬぐいという世界の奥深さ、面白さを知りました。展示品はごく一部だそうですね。

豊田　ええ。手ぬぐいのコレクションは1万枚を数えますから。風呂敷、印半纏、ぽち袋、のし包み、手ぬぐいの原画や型紙、ひな型本なども集め、すべてを合わせると新築マンション1軒分は投資したかな（笑）。手ぬぐいは木綿ですから、虫が付きにくく意外と管理しやすいです。

――そもそも、豊田さんが手ぬぐいを集め始めたきっかけを教えて下さい。

豊田　私は富山県から上京し、昭和27年（当時16歳）に綿加工卸業の「戸田屋商店」（東京・日本橋）に入社しました。最後の小僧世代で、電報替わりに染工場へ自転車を飛ばしたり、百貨店へ納品に行ったり。出先で職人や社員の手伝いを買って出て、朝から晩まで働き詰めでした。その際、番頭格の百貨店員に判じ絵の読み方を習い、こんなに面白い物はないと思いましたね。早く注文をとれる店員になりたいという気持ちも強く、勉強も兼ねて集めました。最初は町内の商店をまわって手に入れた10本からです。

その頃、盆暮れの挨拶に手ぬぐいを配るのが一般的でした。取引先の老舗商店や企業の手ぬぐいは、絵柄も凝っていてぜひ欲しいのですが、発注は配布数に応じてなされるので余りが出ません。そこで、受注時に「いい絵柄ですね」と担当者を褒めちぎって自分の分を確保したものです。

――同時に古い時代の手ぬぐいも集められたのですね？

豊田　古い手ぬぐいは古着屋（骨董店）やコレクターから購入します。この時のコツは「欲しい」と言わないこと。そう言うと値段が上がってしまうから（笑）。なぜなら、旧家の取り壊しもよく手伝いました。昔の人はタンスの引き出しの底に手ぬぐいを敷いて、衣類を収納したのです。ある地方の古着屋では、東京蛎殻町の松屋手拭店が行った頒布会「美蘇芽会」のカタログ本に載っていた手ぬぐいが、旗として店頭に下げてありました。店主はなかなか首を縦に振らず、何回か店に通って口説き落としました。四十歳代から六十歳代くらいまでがしゃかりきに集めた時期ですね。

――豊田コレクションで最も古い手ぬぐいはいつ頃のものですか？

豊田　江戸時代ですね。古着屋を経由して一度に10本入手しました。判じ絵を読み解くと「壬戌年《みづのえいぬどし》」と分かり、文久2年（1862）と判明。同じく相撲柄は番付表から安政4年（1775）であることが分かりました。この番付表もたまたま入店した古書店で見つけたもので、不思議な縁を感じましたね。

縁といえば、手ぬぐいのおかげで著名人の方々ともお会いすることができました。十一代目市川團十郎さん、北大路魯山人さん、国立博物館に勤務された染色研究の第1人者であった山辺知行さんなど、数を上げたら切りがありません。

――現在もコレクションは増えていますか？

豊田　ここ2～3年は集めるのを辞めています。私自身、昭和30～40年代のメッセージ性が強い手ぬぐいが好きなので。これからの手ぬぐいは次世代の方々にお任せします。

東京和晒株式会社とは

明治22年に初代・瀧澤三次郎が「丸三晒」を興して以来、約120年、木綿を中心とした各種繊維の晒、染色、仕上加工を続けて来た工場でした。

晒工場というのは、その次の工程である各種染色の良し悪しを左右するとても重要な役割を担っております。それゆえ、東京和晒の歴史は、各種染色トラブルとの戦闘でもありました。

染めたものの出来が悪いと、晒屋はすぐに呼び出され、責任追及問題になります。そのクレームに正確に対応するには、自社の工程のみならずお客様の染色工程も熟知していなければなりません。

当社は、平成23年の東日本大震災を契機に布の無地染工場を止めましたが、長い年月に蓄積した、各種ノウハウに基づいて、現在では、「様々な染色技法を最も正確に創り上げるワンストップサービス」を実現しております。

繊維製造業は、紡績、織編、晒、染色、仕上、縫製と様々な工程を経ているため、現在では、殆どが分業体制での連携プレーの上に成り立っております。

しかるにその守備範囲が膨大なため、一社ですべてをフォローする事はとても難しいのが現状です。

この分野においては、東京和晒の総合力がきっと皆様を満足させてくれることでしょう。

東京和晒が得意とするオリジナル手拭やオリジナル半纏への製作依頼はもちろん、繊維に関するものづくりの相談がございましたら、何なりとご相談頂けますようスタッフ一同お待ちしております。

東京和晒株式会社

所在地　〒124-0012 東京都葛飾区立石4-14-9
電話　03-3693-3333
FAX　03-3694-7788
ホームページ　http://www.tenugui.co.jp/
代表者　代表取締役社長 瀧澤一郎
創業　1889年（明治22年）
設立　1947年（昭和22年）
事業内容　手拭・ゆかた・半纏・のぼり・旗・祭用品・イベントグッズなどの企画・デザイン・製造販売。世界でここだけの「注染体験教室」

創業明治22年

「古きよき日本人の心」を大切に和装から洋装、イベント用品に至るまで「生活者に密着した継続のものづくり」にこだわり、時代のニーズに迅速に対応します。

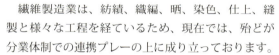

東京和晒創造館

手ぬぐい文化に触れる、体験する

〝新たな手ぬぐいづくり文化〟の創造の拠点として２０１４年にオープン。館内には、手ぬぐい染め（注染）の体験工房である「てぬクリ工房」、手ぬぐいショップ・資料スペース・交流スペースを備えた「てぬクリ空間」、そして量・質ともに世界一を誇る「豊田コレクション」の手ぬぐいを中心とした展示が行われる「ギャラリースペースＴ３」がある。

「ギャラリースペースＴ３」は展示以外に、イベント、パーティー、セミナー、ミーティングなど、多目的に利用できるレンタルスペースとして貸出も行っている（要問合せ）。

住所：東京都葛飾区立石4-14-9（東京和晒内）
電話：03-3693-3335
「てぬクリ空間」開館時間：火・水・木・金曜（休業日・祝祭日・イベント開催時を除く）の10時～12時・13時30分～17時
アクセス：京成押上線京成立石駅から徒歩8分
URL：http://souzou-kan.info/

「てぬクリ空間」のショップコーナーでは、手拭実染塾出身の手ぬぐいクリエイター作品や、東京和晒がセレクトした古典柄、現代柄の手ぬぐいを販売

江戸時代からの各種手ぬぐいや染色に関する膨大な資料、書籍、雛形本などを無料で閲覧できる資料スペース

「ギャラリースペースT3」では期間ごとにテーマを設けて豊田コレクションの手ぬぐいを展示している

注染の工程がよくわかる

DVD「本染め手拭の出来るまで～注染に息づく匠の技～」

製作：関東注染工業協同組合

この本で紹介してきたとおり、注染は明治後期に考え出された手染め技法だ。多彩な技を組み合わせて1枚の布に〝粋〟を表現する。このDVDには、職人の手によって白い布から手ぬぐいが染め上がるまでの工程が余すところなく描かれている。東京和晒のホームページから購入できる。

お祭りと御神輿の文化を伝える 浅草お祭りミュージアム

江戸、そして浅草のお祭り文化が凝縮された空間

スタッフの手が空いていれば、いなせな手ぬぐいの巻き方なども気軽に教えてくれる

お祭り文化の大衆性が最もよく現れるのが、お祭りファッション。御神輿を担ぐための清廉潔白な木綿の晒から始まり、氏子を見分けるための袢天、それら揃いのスタイルに自分なりの「いなせ」を演出するためのはち巻きや帯の意匠をこらした結び方。そういった、お祭りに関わる布物と、布物にまつわる無形の文化を伝承し、情報発信するミュージアム。手ぬぐいや、さまざまなお祭りグッズを販売するショップも併設している。

住所：東京都台東区雷門2-3-5 瀬尾ビル1F
電話：03-6796-7800
開館時間：10時～18時
休館日：不定休
入館料：無料
アクセス：地下鉄銀座線浅草駅から徒歩2分
URL：http://omatsurimuseum.net/

手ぬぐいデザインについて思うこと

てぬクリ実行委員長
東京和晒㈱　代表取締役　**瀧澤一郎**

手ぬぐいデザインの目的は何か？ と言えば、「布というメディアにデザインというコンテンツを載せて、相手とコミュニケートする」ということだと言えるでしょう。

では、「コミュニケーションの目的」とは、何でしょう？

これは「相手の思考や行動に変化をもたらすこと」であると定義されております。どんな手ぬぐいデザインが相手に変化をもたらすことができるか？　それをここでは考えてみます。

「デザインの語源はデッサン（dessin）と同じく、“計画を記号に表す”という意味のラテン語designareである。つまりデザインとは、ある問題を解決するために思考・概念の組み立てを行い、それを様々な媒体に応じて表現することと解される」と言われています。

では、手ぬぐい作りにおけるデザインの「問題」「テーマ」は何か？　ということですが、それは「誰に何を伝えたいか？　訴えたいか？」ということがまず最初にあると思います。

当社で手ぬぐい製作の依頼を受けるときに最初にお尋ねするのが「用途」です。

当社の区分けでは、「販促・イベント・お祭・結婚式・販売・記念品・プレゼント・剣道・お年始・踊り」となっておりますが、それぞれの用途において「伝えたいこと」「デザインコンセプト」を明確にする必要があります。

「伝えたいこと」には、色々な優先順位があるでしょうが、それを言葉にして、箇条書きにしていくのです。

次に、その「伝えたいこと」を表現できる、「意匠」「絵図」「イラスト」「文字」「マーク」などを準備します。

私自身は、上手な絵を描ける画家でもイラストレーターでもありません。多くの手ぬぐいクリエイターの方でもそういう方は何名もおります。しかし、これまで幾つかの作品や商品を世の中に送り出して来ました。

「江戸のデザイン」（草森伸一著）によれば、「私たちの周辺は、図案だらけだともいえる。図案を自ら作りださなくても私たちの周辺のものは、はじめからデザインのほどこされたものが多く、それを手拭用にさらに部分どりさえすれば良いのである。なにを部分どりすれば、手拭の図案としてよいかを見きわめる才気と、どう部分どりするかの造形的なセンスだけが期待されるわけだ。」

「伝えたいこと」が決まって、文字や絵図などの「材料」が揃ったら、次の工程が「レイアウト」になります。

この部分がある意味一番「センス」が要求されることかも知れません。
同じ材料でも、このレイアウトが異なることによって、「粋」にも「野暮」にも、「素敵」にも「ダサい」にもなってしまいます。

そのセンスは、一朝一夕では養えないもので、色々なデザインを見たり、作ったり、プレゼントした相手の評価を聞いたり、さまざまな経験を通して磨かれるものであると言えます。

その意味で、さまざまなクリエイターの方のデザインや過去の手ぬぐいデザインを見たり知ったりすることはとても重要で価値があることです。今回のプロジェクトに多大なご協力を頂いた、豊田コレクション意匠研究所の豊田満夫氏の膨大なコレクションは、他では見ることの出来ない極めて価値の高いものですので、新しいデザインが氾濫していくなか、今後ますます重要性を持って行くことでしょう。

手ぬぐい作りの喜びは、自分でデザインした手ぬぐいが染め上がった時はもちろん、出来上がった手ぬぐいを手にした相手の様々な表情を見たり、感想を聞けた時に、ひしひしと湧いて来るものです。是非、この本を読まれたあなたに、少しでも「手ぬぐいを作ってみよう」という気持ちが湧いて来たら幸いです。

東京和晒㈱は、そんなあなたにさまざまな解決策や提案を用意し、できる限りの応援をする会社として今後とも手ぬぐい作り文化の普及向上に貢献して行く所存であります。

Staff

制作　東京和晒㈱
制作協力　㈱中村元事務所、豊田コレクション意匠研究所、内藤早苗
構成・編集　今福貴子
編集協力　編集制作会社エルフ（石井一雄）、内田晃、村田郁宏、土井正和
撮影　佐藤兼永、後藤麻由香＊手ぬぐい以外
デザイン　安達義寛

Special Thanks

㈱協和染晒工場、関東注染工業協同組合、東京都中小企業振興公社

手ぬぐいを知る、作る、使う
手ぬぐいクリエイター

初版第1刷発行　2015年2月12日

著者　てぬクリ実行委員会　2015 © tenukuri

発行　東京和晒 株式会社
〒124-0012　東京都葛飾区立石4-14-9
電話　03-3693-3333　FAX　03-3694-7788

発売　株式会社 三元社
〒107-0052　東京都港区赤坂2-10-16　赤坂スクエアビル6階
電話　03-5549-1885　FAX　03-5549-1886

印刷・製本　株式会社 モリモト印刷
ISBN978-4-88303-373-7
C0177
Printed in Japan